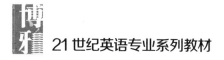
21世纪英语专业系列教材

Intercultural Communication
Theory and Practice

跨文化交际教程

编著 莫爱屏 莫 凡

参编 蒋清凤 蔡晓丽 黄秋凤
宾 科 钟 鸣 陈秋红
余安安 牛 宁

北京大学出版社
PEKING UNIVERSITY PRESS

图书在版编目(CIP)数据

跨文化交际教程/莫爱屏，莫凡编著. —北京：北京大学出版社，2016.7
（21世纪英语专业系列教材）
ISBN 978-7-301-27209-1

Ⅰ.①跨… Ⅱ.①莫… ②莫… Ⅲ.①文化交流—英语—高等学校—教材 Ⅳ.①H31

中国版本图书馆 CIP 数据核字（2016）第 125516 号

书　　　名	跨文化交际教程 KUA WENHUA JIAOJI JIAOCHENG
著作责任者	莫爱屏　莫　凡　编著
责任编辑	郝妮娜
标准书号	ISBN 978-7-301-27209-1
出版发行	北京大学出版社
地　　　址	北京市海淀区成府路 205 号　100871
网　　　址	http://www.pup.cn　新浪微博：@北京大学出版社
编辑部邮箱	pupwaiwen@pup.cn
总编室邮箱	zpup@pup.cn
电　　　话	邮购部 62752015　发行部 62750672　编辑部 62759634
印　刷　者	北京溢漾印刷有限公司
经　销　者	新华书店 720 毫米 × 1020 毫米　16 开本　11 印张　260 千字 2016 年 7 月第 1 版　2023 年 12 月第 5 次印刷
定　　　价	32.00 元

未经许可，不得以任何方式复制或抄袭本书之部分或全部内容。
版权所有，侵权必究
举报电话：010-62752024　电子邮箱：fd@pup.cn
图书如有印装质量问题，请与出版部联系，电话：010-62756370

前　言

随着全球经济一体化和现代科技的迅猛发展,个人需求的满足越来越依赖于整个世界,来自不同文化背景的人从未像今天这样迫切地需要相互交流和沟通。跨地域、跨文化的交流成为自我满足、社会开放的主要途径。作为传播学研究领域的重要课题之一,跨文化交际成为当下非常普遍的社会行为。

然而,普遍并不意味着其过程简单和顺利。有时文化差异就是一种障碍,给人们之间的和睦相处带来极大困难;即使人们共用一种语言交际,也无法消除因文化差异而产生的矛盾与冲突。人们在文化取向、价值观念、社会规范和生活方式等方面的不同,往往会导致其在言语和非言语行为或话语组织方面的差异,彼此之间的"咫尺天涯"之感由然而生;低效率的交流和沟通、相互间的误解等都可能导致交际的失败。因此,认识跨文化交际的过程,了解这一过程中会发生什么,产生什么后果,如何解决和避免交际中所产生的障碍是现实的迫切需要。正是在这种背景之下,《跨文化交际教程》一书应运而生。

跨文化交际(Intercultural Communication)指来自不同文化体系的个人及组织、国家等社会群体之间的信息传播或文化交往活动。作为一个十分广阔的领域,跨文化交际研究涉及许多方面,既可以是有关文学、历史、哲学思想的研究,也可以是民间传说在各民族文化中不同表现形式的对比。本书主要关注语言、文化、社会、跨文化交际等概念,着重讨论人际交往中言语行为与文化之间的关系及其复杂多变的过程;重点关注影响跨文化交际过程、言语交际行为及编/解码过程中的诸多因素,以及这些因素导致人们行为举止差异的深层原因。编者希望通过对大量跨文化交际实例的分析、典型案例的讨论,使学习者熟知交际误区,培养学习者开放、包容的心态,加深学习者对语言、文化和交际之间互动关系的理解,从而提高学习者跨文化交际的能力。

本书特点:

1. 体例采用"模块框架":本书选取了跨文化交际中最为常见和实用的"语言"和"文化"实例作为教学内容,以"必需、够用"为度,附有思考与练习题、技能实训等练习板块,突出内容的"实用型"特点。

2. 创新教材组织形式:各模块包含项目教学、任务驱动、案例分析、讨论学习、协作学习、自主拓展学习等内容;本书通过相应的跨文化交际能力训练,强调学习者学什么,做什么,怎么做,凸显了强化知识与技能的"可操作性"特点。

3. 加强职业针对性,满足职业岗位(群)的需要:与相应的职业资格标准或行业技术等级标准接轨。各模块设计了相应的职业技能训练等活动块,帮助学生形成鲜明而又具体的学习目标,使全书的内容极具实用性和职业性特征。

4. 采用英汉双语编写:文后附有适量的英文拓展学习资料、学生活动设计,供学生学习,以使其具备与国际友人交往的跨文化交际能力。

5. 配套研发各种教学、学习资源:包括国际课程标准、教学方案、电子课件、模拟试题(卷)库、各种视频、图片、学生作业等。全书内容的呈现适合学生的心理特点和认知习惯;语言简明通顺,浅显易懂,图表生动有趣。

本书是 2014 年广东省教育厅省级重大项目(人文社科类)"岭南文化精品外译的语用策略研究"(粤教科函(2015)3 号)、2014 年度广东省高等教育教学改革项目(本科类)"翻译本科人才培养的协同模式探索与实践——以广东外语外贸大学为例"(GDJG20141101)的阶段性成果,得到教育部人文社科重点研究基地——广东外语外贸大学外国语言学及应用语言学研究中心、广东外语外贸大学语言工程与计算实验室的资助;由广东外语外贸大学莫爱屏教授与广东外语艺术职业学院蒋清凤教授率广东外语艺术职业学院、南方医科大学、广东农工商职业技术学院、广东工业大学等教师编写而成。黄秋凤负责第一单元,莫凡负责第二单元,牛宁负责第三单元,蔡晓丽负责第四单元,钟鸣负责第五单元,陈秋红负责第六单元,蒋清凤负责第七单元,余安安负责第八单元,宾科负责全书的统稿、部分章节修改等工作。

本书在编写过程中,参考借鉴了跨文化交际方面的有关书籍文献及网络资料,吸取了其中有益的内容。因篇幅有限,无法一一列举,谨向有关作者表示深切谢意。由于时间仓促,水平有限,错误难免,恳请批评指正。

莫爱屏

2015 年 12 月

目 录

第一单元　跨文化交际概要　……………………………………… 1
第二单元　跨文化交际中的语言文化差异　……………………… 23
第三单元　非言语行为与跨文化交际　…………………………… 47
第四单元　跨文化交际中的文化冲击　…………………………… 69
第五单元　文化价值观与跨文化交际障碍　……………………… 90
第六单元　风俗、礼仪与跨文化交际　…………………………… 115
第七单元　性别文化与跨文化交际　……………………………… 135
第八单元　外语教学与跨文化交际能力培养　…………………… 153

第一单元
跨文化交际概要

There are truths on this side of the Pyrenees that are falsehoods on the other.

— Blaise Pascal, 1623—1662

　　跨文化交际指来自不同文化体系的个人及组织、国家及社会群体之间的信息传播或文化交往活动，也指任何在语言和文化背景方面有差异的人们之间的交际。通俗来说，与外族人、外国人等打交道就是跨文化交际。由于存在语言和文化背景的差异，我们在对外交往时应注意什么问题，应如何得体地去交流等，就是跨文化交际的主要内容。

　　与任何其他分支学科一样，跨文化交际也有广义与狭义之分。狭义上，它指本族语者与非本族语者之间的交际；广义上，它指特定语境中，具有不同文化背景的人们之间所进行的交际。语言、文化与社会是影响人们交际的重要因素。本单元将对文化与交际进行必要的梳理和分析。同时也对"跨文化交际"的界定，以及美国人和中国人对这一概念的理解和应用做一简单介绍。

知识要点
1. 文化与语言
2. 文化与交际
3. 跨文化交际学习与实践

能力目标
1. 掌握文化特点
2. 了解跨文化交际模式及特点
3. 了解跨文化交际的语用问题

案例导入

某公司人力资源副总裁（美国人）与一位被认为具有发展潜力的中国员工交谈。副总裁想听听这位员工对自己今后五年的职业发展规划以及期望达到的位置。中国员工并没有正面回答问题，而是开始谈论起公司未来的发展方向、公司的晋升体系，以及目前他本人在组织中的位置等等。副总裁有些大惑不解，没等他说完就不胜其烦了，因为同样的事情在之前已发生过好几次。"我不过是想知道你对于自己未来五年发展的打算，想要在这里做到什么样的职位罢了"。副总裁不明白，这么简单的问题为何就不能得到明确的回答呢？

以上所描写的内容是一个典型的因中美沟通方式和文化差异而导致跨文化交际失败的案例。

一、文化的定义

（一）文化的定义

何为文化？这似乎是人类历史上一个永恒的话题。长期以来，人们试图从不同角度研究文化，给其以概述性的、个性的、历史的、心理学的、结构的和遗传学的定义。从人类学的角度看，人不仅是"社会人"(social man)，而且是"文化人"(cultured man)。中国人用筷子吃饭，日本人盘腿席地而坐、印度人耍蛇、法国人喝洋葱汤、美国人吃麦片粥，这些都反映了各国民族各自的文化。事实上，人的物质生活和精神生活始终发生在特定的文化氛围下,文化无所不在,无处不有。然而,我们却很难给文化下一个完整的、科学的定义。

自从人类学问世以来,关于文化的界说一直是众说纷纭,各持一端,至今社会科学领域对文化的定义仍无统一认识。目前,学术界公认,人类学之父的英国学者泰勒(E. B Tylor)在《原始文化》一书中,首次把文化作为一个中心概念提出来,并将其含义系统概述为:"文化或文明,就其广泛的民族学意义来讲,是一复合整体,包括知识、信仰、艺术、道德、法律、习俗以及作为一个社会成员的人所习得的其他一切能力和习惯。"后来,美国一些社会学家、文化人类学家,如:奥格本(W. F. Ogburn),亨根斯(F. H. Hankins)等修正了泰勒的文化定义,补充了务实的文化现象。关于什么是文化,到目前为止竟然已多达200多种的定义。由此看来,文化辐射范围甚广,包罗万象。凡是人类所创造的一切经验、感知、知识、科学、技术、理论以及财产制度、教育、语言等都属于文化现象,一切社会的生活方式、行为准则、思维方式、语言方式、思想观念、道德规范等等,都属于文化范畴。

(二) 文化三层面

文化哲学学派把文化结构区分为物质文化、制度文化、精神文化三个层面。物质文化实际上是指人在物质生产活动中所创造的全部物质产品,以及创造这些物品的手段、工艺、方法等。制度文化是人们为反映和确定一定的社会关系,并对这些关系进行整合和调控而建立起的一整套规范体系。精神文化也称为观念文化,以心理、观念、理论形态存在的文化。它包括两个部分:1)存在于人心中的文化心态、文化心理、文化观念、文化思想、文化信念等;2)已经理论化、对象化的思想理论体系,即客观化了的思想。

有人将文化比喻为洋葱,将其分为三个层次:表层、中层与核心层。"文化洋葱"的表层是显而易见的运行规则,很容易被人所领会。文化表层通过外在事物以及语言表现出来,其所表现出来的文化特征常给人以强烈的直接冲击。文化洋葱的中间层则是一个社会的规范和价值观。它决定了一个群体中多数人在某一特定情形下都会做的事,还决定了这个社会对"好和坏"的定义。文化洋葱的核心层是一个社会共同的关于人为什么存在的假设,涉及该社会中人们最根深蒂固和不容置疑的东西。生活在一种文化中的人往往很少关注该社会核心文化的里面,因为他们会视之为理所当然的事情,但这却很难被生活在另一个社会中的人所完全理解。文化洋葱的三个层次之间有着不可分割的联系。核心层驱动影响中层,中层驱动并影响表层。

文化定义现象所反映的是:文化对于人类及社会的密切关联度,不仅揭示了文化与人类社会进程的关系,而且还表明了文化与人类社会整体的联系,这种联系涉及社会的各个阶层和领域。

二、文化的特点

一个人具有什么文化并不取决于他的种族、肤色,而是取决于他生活的文化环境。换言之,文化不是与生俱来的,而是后天习得的。如:人有食欲、要吃饭是天生的,而对什么样的食物产生食欲、如何烹饪食物、如何吃等问题,却是个人在自己的社会文化中学习掌握的。人的姿势和动作有许多是和文化相关联的,日本人见面时喜欢鞠躬致意、美国人喜欢拥抱接吻、拉美人常以脱帽致意等。虽然从人的心理和行为上反映出一定的文化特征,但就人的文化心理和文化行为本身而言,还不是文化现象,而是一种行为有机体的表现形式。只有当个体的文化心理和文化行为成为社会中普遍观念和行为模式时,或者说成为一定社会和社会群体共同意识和共同规范时,它才能成为文化现象。文化如此,语言亦然。文化具有以下特性:

(一) 社会性

作为一种社会现象,文化是人们通过创造活动而形成的产物,是相对于自然而言的一种现象。比如,一段树根是自然物资,但经过人们的雕刻和加工制作成根雕作品,就成为文化产物了。另一方面,文化对于人各方面的成长也起着重要的作用。一个人从幼时起就受到文化的熏陶,他的举止言行都受到一定社会文化的约束,被纳入相应的轨道。就这个意义说,人是社会的人,也是文化的人。

文化并不属于任何单个的人。特定个人掌握的某行为方式,如果不为其所在群体多数成员认可、并且共有的话,那这一行为方式就不是文化。在中国,绝大部分人都是以大米或面粉为主食,人们用筷子吃饭,这就构成了中国社会饮食文化的主体。假定某一中国人不吃米饭、光吃鸡,那仅仅是他个人的嗜好、而非中国人的饮食文化。

(二) 历史性

文化又是一种历史现象,它是特定社会发展历史的积淀物。每一代人都继承原有的文化,同时又不断地扬弃和更新原有的文化。比如,在没有文字的社会,人们通过口头将自己的经验、知识、信仰、观念一代一代地传下去。有了文字以后,则通过文字形式将文化代代相传。

由于文化的传承,任何一个社会的文化都包含了历史的积淀。以问候语为例,中国古代的老百姓常遭蛇咬,见面时的问候语便总是:"无它(蛇)乎?"。战国时期,中国知识分子的身体状况欠佳,见面时的问候语是:"无恙

(病)乎？"。近代，吃饭问题是人们关心的问题，见面问候的是："吃饭了吗？"。

由此可以看出，人们相互之间的问候，因历史时期的不同，他们所使用的用语也就不一样。更重要的是，在当今社会，如此简单的问候语，在中国人看来既简单又亲切；可在西方人听来，这是干涉别人的私事。

（三）民族性

文化具有民族性。文化的内容通过民族形式的表现，映射出鲜明的民族色彩。不同民族拥有不同的文化，它们之间存在差异是必然的。这样的例子数不胜数，如：美国人吃饭用刀叉，中国人吃饭用筷子；中国人与人交谈时尽量不直视对方的眼睛以表示礼貌，而美国人认为，不敢正视别人目光的人是不诚实的；中国人见面寒暄会问及年龄、家庭、个人生活等问题，美国人则认为问年龄、家庭、个人生活等问题是打探别人的隐私，没有礼貌。

即便在同一个民族中，文化也会因为时间、地理位置的不同而有所不同，形成区域文化差异。比如中国的南方人喜欢吃米饭，北方人喜欢吃面食。这主要是因为南方盛产大米，北方盛产小麦。

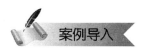

中国留学生在同西方学生相处过程中，常常会感到无所适从。小华刚到美国的时候，觉得身边的同学对她都很热情，自己也很受欢迎，可是没多久，她就开始感到困惑了。有一次，她受到美国同学 Ruby 的邀请去郊游。途中，Rudy 觉得口渴，就决定先去买汽水。她问小华渴不渴，需不需要喝点什么。出于礼貌，小华说不是很渴。于是 Rudy 只给自己买了一瓶汽水，没有给小华买。小华心里有点不舒服，觉得 Rudy 很不够朋友。因为在中国，如果朋友买汽水，一定会给同行的人也买一瓶。而 Rudy 不仅没有买，还一副若无其事、本来该如此的样子。

一、文化与语言

（一）文化与语言的关系

人们普遍将语言视为一种交际的工具。然而，语言并不是独立存在的，它与文化相互依赖、相互影响。关于"文化与语言的关系"问题，人们的认识是很复杂的，这方面的讨论非常多。

1. 语言：一种特殊的文化现象

无论语音、词汇、语法都与其所在的民族文化有千丝万缕的联系。古德诺夫(W. H. Goodenough)(1957)在《文化人类学与语言学》中指出，"一个社会的语言是该社会的文化的一个方面。语言和文化是部分和整体的关系。"不同民族所处的自然和社会环境不同，因而会形成各自特色的文化语境。尽管物质世界是客观存在的，但来自不同文化语境的人对这些客观存在的感知和理解却并不相同，进而使得各自语言的词汇系统在内涵与外延上具有特定性，并且受其文化语境的制约。以大陆文明为特征的中国文化，其语言中拥有很多和土地、农耕有关联的成语，如"挥金如土"；而以海洋文明为特征的英美文化，其语言中则很多和航海、水有关联的惯用语，如"spend money like water"。

2. 语言：文化的重要载体

文化通过语言得以表达和传承。一方面，语言比较全面地储存着文化的整体信息，文化需要文字来记载，而文字就是记录语言的符号。

另一方面，文化的交往与传承必须借助语言和符号才能进行。以实物(artifact)而呈现出来的文化，如茶具、酒具等，虽然与语言无直接联系，但结合喝茶者和喝酒者的语言表达，就形成关于茶文化和酒文化的描述，进而使它们为人所理解并有机会得以传承和发展。

3. 语言：制约人们认识现实世界的工具

美国人类学家和语言学家萨丕尔(E. Sapir)和沃尔夫(Whorf)进一步提出思维结构与语言结构之间存在着密切关系的论点，提出了著名的萨丕尔—沃尔夫假说(the Sapir-Whorf Hypothesis)。他们认为，人们对现实的认识必定会受其所使用语言的影响。一方面，语言具有自我形成和自创的能力，因而决定人们对世界的认识，这就是"语言决定论"(linguistic determination)。这就是说，一个人的思维是由其母语所决定，人们根据母语中所设定的编码范畴和定义区别来认识客观世界、构建认知体系。

另一方面，每种语言都表达和创造一个不同的和自主的思想体系，代表和创造一种不同的现实。一种语言中的差异现象在别的任何语言中都不可能找到，这就是"语言相对论"(linguistic relativism)。语言制约着文化的例子也有很多，如英语中动词有过去、现在和将来三种基本时态。讲英语的人主观上就认为时间是可以度量的，使用时间时应该更客观、准确一些；而印第安人的语言中基本没有时态区分。在说英语的人看来，印第安人在行为处事中似乎也没有明确的时间观念。

（二）语言学习与文化依附

文化与语言的关系，在具有不同文化背景人们之间的交际活动中表现得最为明显。从 20 世纪 50 年代开始，西方大力开展跨文化交际学研究。中国外语教学也特别重视跨文化交际人才的培养。外语教学，与其说要注重交际中的语言错误，还不如说要注重交际中的文化差异，特别要注重文化依附问题。

1. 语言使用的文化差异性

汉语中的表亲关系泾渭分明，表兄和表弟，表姐和表妹，区别甚严，既要说出性别，还要分出大小。而英语却笼统称之为 cousin；同样，英文中的 uncle 和 aunt 在汉语中亦无外延相同对应词，如下表示：

表 1　中英文中的表亲关系

中文	英文	中文	英文	中文	英文
表兄	cousin	伯父	uncle	伯母	Aunt
表弟		叔父		舅妈	
表姐		姑父		姑母	
表妹		姨父		姨妈	

汉民族严格区分亲属关系，源于汉民族的封建主义文化。此外，中外对于其他人的称呼、职业等方面都有明显的不同，如：对英国人来说，professional 一词在 He is a professional. 和 She is a professional. 中，可能引起大相径庭的联想意义：He is perhaps a boxer. 而 She is likely a prostitute. 则是英美娼妓文化触导的定向思维结果。由此可见，这种受文化背景制约的、通过联想而产生的超语言文化信息差别，是无法通过词汇对应来弥合的。

2. 体态语使用差异

体态语是人们通过其表情、姿态、动作等伴随语言特征，来传递语言信息的一种特殊形式。作为言语交际的辅助手段，体态语既可以传递交际者的思想、情感等信息（如"手忙脚乱"传递人的慌张情绪），又可以丰富、补充、强化口语信息（如"鼓掌"表示"欢迎、赞同"；说话时"真诚的微笑"则会让人感到亲切等）。体态语具有民族性、时代性、和谐性等特征。因此，任何一种体态语都根植于其民族的文化传统和生活习惯，受时代的社会环境、政治生活、文化背景、科学技术等诸多因素的制约。

在跨文化交际中，人们常常通过五官来表达丰富的感情，促进成功的交际。眼神的运用可使口头表达的内容更为真切；身势和手势的正确使用也是成功交际的重要内容。身势包括头势、躯干势、站势、坐势等；手势则包括手指、手掌、双臂等的多种使用姿势。课堂上，教师是否有极明显的面部表情与学生交流？教师是手撑讲台笔直站立还是半边身子坐在课桌上课？都能表达丰富的信息，中西方的教师的课堂言语行为和体态语的使用表现出较大的差异。

中国人和西方人在进行语言交流时要保持一定的距离，是表示个人的自信和对对方的尊重。北欧人的后裔不喜欢人体的直接接触（拥抱和亲吻）以表示他们的个人尊严。意大利人、法国人、俄罗斯人和中东地区各个国家的人则喜欢比较亲密的人体接触，以表示他们之间的关系亲密。西方人的面部表情丰富，动作随意；而中国人的表情严肃，动作拘谨等，都与各自的文化相关。

3. 跨文化交际中的文化依附

20世纪90年代初，高一虹、孟子敏等人将传播学中的文化依附理论引入语言教学领域，在中国学生的英语教学和对外汉语教学中产生很大的影响。文化依附本意是发展中国家在大众传播发展中对发达国家的依附性，主要表现在传播技术、传播内容、传播制度及广告等方面的依附。学生在学习外语时，会表现出对本民族文化的依附；汉语教师在进行对外汉语教学时，也会对汉语文化有所依附。如：来华的留学生见到中国学生，就不常用"吃饭了吗？"打招呼，而是说"你好！"，这体现了他们对母语文化的依附。当中国学生在听到外国人说"My cousin is ill"时，他们可能不会立即说出"Oh, I'm sorry to hear that"，而是说"Is it serious?"或者"Is he getting better?"。这些现象均体现他们对母语文化的依附。

当中西方文化冲突时，我们应如何处理？比如中国人吃狗肉过冬至，而西方则认为这一行为很残忍。在对外汉语教学过程中，老师应如何应对？是否应告诉学生放弃对本国文化的依附？

此外，人们的人生观不同，他们对人/事物/事件等的态度与感情就会有所不同。如何看待金钱和物质财富？对目的语文化是认同还是反感？对本民族文化是自豪还是自卑？是维护还是捍卫？这些问题就是产生文化依附矛盾的根源。

文化依附所表现出来的方方面面都是相互联系、相互渗透的。称呼的选用常常反映不同的观念和感情，如汉语中的"同志"，用来表达人与人之间的和谐关系。后因社会的发展，该词又常被用来指"同性恋或有同性恋倾向的人"；而英语comrade一词则含有"专制关联"的意思。因此，同一称呼在两种语言中的褒贬含义差异，使教师对于称呼的选择不可避免地带有属于不同文化的观念和感情色彩。

在跨文化交际中，不了解语言所负载的这种文化信息，有效交际势必受阻。交际者既要清楚词、句、段在特定上下文中的字面意义，又要吃透附加在语言之上的文化信息。这也是学生在外语学习过程中所需重点注意的事项。

 技能训练

For each question in this part, you are provided with one situation with four utterances underneath. Read the description about each situation with the utterances and decide which is/are the appropriate utterance(s) in that situation therein communication is done in English.

1. When introduced to an older professor or a friend's parents, what would you say?

    a. Hi! Glad to see you.

    b. Hello and bow.

    c. Hello, it's nice to meet you, and then shake hands.

    d. How are you?

2. On the way to the school cinema, Li saw Professor Blake walking to the cinema, he says:

    a. Good afternoon, Professor Blake!

    b. Are you going to the film?

    c. Where are you going?

    d. You're going to the film, aren't you?

3. You have spent an afternoon with your foreign teacher, Mr. Good. You have just got to go. You say: "Mr. Good, Do drop around and visit us some time." What would Mr. Good say?

    a. Yes, of course, if I'm free.

    b. I will come anytime, if you like.

    c. Thank you. I will come at 7 p.m. on Monday.

    d. Thank you, I will.

4. In a Factory, Li, the guide, is interpreting for a group of foreign guests. When they have finished visiting one workshop, he would like the group to follow him to the next workshop. He says:

    a. Come here!

    b. Follow me!

    c. Move on!

    d. This way, please.

5. Which topic is more appropriate for us to discuss immediately after an introduction?

    a. Politics

b. Religion
   c. Marital status
   d. Occupation

二、文化与交际

（一）交际的定义

交际，即人际交往，通常指二人及以上通过语言、行为等表达方式进行意见交换、情感交流、信息转达的过程。在跨文化研究领域，交际还和另外一个词"传播"具有同样的意义。我们在此用传播一词。

自从有了人类，就产生了传播；人类要生存，就必须互相交流。尽管人际交流的历史很长，但作为一门学科的传播学却历史很短。由于学术背景和观点的不同，学者们对于传播的界定至今也未达成共识。据胡文仲的统计，关于传播的定义有一百多个。这里只介绍几种：

1. 传播是个人或团体通过符号向其他人或团体传递信息、观念、态度或情感。（S.A.西奥多森和 A.G.西奥多森）

2. 从最一般的意义上而言，传播是一个系统——信源（信息来源）通过可供选择的符号去影响另一个系统——信宿（信息到达目的地）的过程，这些符号能够通过连接这两个系统的信息渠道得到传递。（奥古斯德等人）

3. 传播可以定义为通过讯息进行的社会互动。（格伯纳）

4. 传播可以定义为在意义被赋予某一行为或行为的结果时产生的现象。（萨莫瓦尔）。

从以上几种定义中可以看出：有的学者强调传递的过程，有的强调影响，有的强调意义的赋予，有的强调人际关系。他们强调的不同侧面反映了学者们不同的视角。

我国传播学者苑子熙的说法是："传播是信息交流，一切有信息交流的地方就有传播活动存在。"在人类交往中，传播就是人类自身及相互之间所传送和接受信息的行为或过程，涉及交际的双方；一方发出信息，另一方接受信息。

随着时代的变迁，社会也随之发生了惊人的变化，交际或传播亦就成了无国界、无边际的人类不可缺少的全球活动，即一种"跨越民族国家地理边界的信息流动"（张国良等，2011）。全球传播研究领域涉及跨越国界所传播的价值、态度、观念和资讯，以及个人、团体、族群、机构、政府和资讯科技等。传统全球传播的核心是"人的旅行"，不同领域的人们（如商人、僧人、征服者等）以贸易、战争、宗教等方式来传播人类文明（如造纸术、指南针、印刷术等），而现代的全球传播主要通过大众媒介传播信息，即人们只需通过互联网、卫星广播、卫星电视等技术就可瞬间将信息传递到世界的每个角落。在当今跨语言、跨文化的全球化时代,中华文化"走出去"不能一味地单向"推广",而应注重双向且跨边界、跨文化的"全球传播"。

(二)传播的种类

传播可分为人类传播与非人类传播。在人类传播中,又可分为社会传播和非社会传播。非社会传播指内向转播(自我传播),此类传播非跨文化交际研究重点。社会传播包括人际传播、组织传播与大众传播。本节简单介绍几种社会传播内容。

1. 人际传播

人际传播指两个人或两个以上的人的信息传受过程。比如两个人之间的交谈、书信往来、小组讨论、大会演讲、街谈巷议等等。一旦交际双方的文化背景有差异或者差异很大,人际传播就会充满障碍。

2. 组织传播

组织传播指在学校、公司、工厂、机关、军队、党派等内部的传播。组织传播并不都是自上而下的。它可以不同的模式或方式呈现,有的是纵向,有的是横向。如机关内部的通报、学校内部的通知、公司部门的产品演示都是组织传播。跨国公司一般都雇佣不同国籍的雇员,他们种族不同、语言迥异、文化习俗相差巨大。因此,组织传播须注意这些差异,否则,传播必然会出现传而不通的局面。

3. 大众传播

大众传播指一般被视为职业化的传播机构利用机械化、电子化的技术手段向不特定的多数人传达信息的行为或过程,包括报纸杂志、广播电视、因特网上的各种信息。

(三)传播的模式

关于传播的模式众说纷纭,但总的来说,早期的看法比较简单,较少考虑干扰因素、反馈以及社会环境等;而随着人们的认识越来越深入,后期的观点注重对传播模式不断做出修正,更准确地反映传播的真实情况。早期影响最大的传播模式是 Harold Lasswell 提出的模式,通常被称作 5W 模式,即:

Who(谁)
says What(说什么)
in What channel(通过什么渠道)
to Whom(对谁)

with What effect(得到什么效果)

这个模式可表述为：传者→讯息→媒介→受者→效果,其特点在于它的简明扼要,把传播的过程清清楚楚地表现出来。该模式明确规定传播学所需研究的几个主要环节:人们可据此进行传(播)者研究、内容研究、媒介分析、受者研究以及效果研究等。这一模式在早期的传播研究中影响巨大。然而,随着传播模式的多样性变化,5W模式虽一目了然,但过于简单,没有考虑传播的社会环境以及反馈。

在20世纪50年代,Charles提出循环式模式,把反馈这一重要概念加入到传播过程。

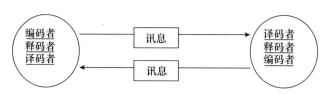

图1 Charles 循环式传播模式

之后,社会学家 Jack Lyle 与 M. Lyle 把传播过程看作是社会过程之一,把传播置于总的社会环境中考察,从而涵盖了传播的外部结构。

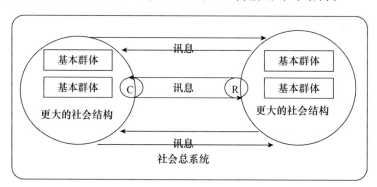

图2 Jack Lyle 与 M. Lyle 的传播模式

图中的"基本群体"指家庭、邻里、亲密伙伴等。图中的"更大的社会结构"指比较松散的社会群体,如工作单位、学校、社团等。而"社会总系统"指的是民族、国家乃至世界等。在传播过程中传者和受者都不可能不受到这三方面的影响。这一模式把传播的过程和讯息都置于总的社会环境之中。此模式对于我们了解跨文化交际过程中所产生的问题及其机制具有很大帮助。

Read the following passage and answer the questions.

Chinese make a clear distinction between insiders and outsiders, and this distinction exists on all levels of interpersonal interaction. Insiders consist of people from two categories: automatic and selected. Automatic insiders include one's parents, siblings, relatives, colleagues and classmates, whereas selected ones are special relations that one has developed over time at work or elsewhere. For example, a person is considered an insider at work after he or she has developed a special relationship by helping others and sharing information with others. The five common criteria of an insider are nice, trustworthy, caring, helpful and empathetic.

The distinction between an insider and an outsider provides specific rules of interaction in Chinese interpersonal relationships. Insiders often are treated differently from outsiders and a person with insider status often enjoys privileges and special treatment beyond an outsider's comprehension. To illustrate, a Chinese person may go beyond his or her means to help an insider, but an outsider has to follow the rules. The insider-outsider distinction also involves moral implication. In the Chinese culture, moral judgments are not only cognitively but affectively(情感地) based. Moral stands tend to vary from one relationship to another.

Family-centered "insider" relationships have two important implications for relationship development with strangers (i.e., outsiders). First, as King and Band argue, the importance of family and the sense of dependency built up in the Chinese family system make it difficult to develop personal relationships with strangers. In the Chinese culture, the transformation from a *wai ren* (outsider) to a *zi ji ren* (insider) involves an arduous and time-consuming process, because personal relationships often take a long time to develop. After a result in order to overcome the inherent difficulty in relationship development, intermediaries are widely used for social relationship construction. Second, the Chinese and other collectivistic cultures tend to be particularistic(专一主义的) in their utilization of value standards toward in-groups and out-groups. This particularistic principle of interpersonal relationships hinders interactions with outsiders because value standards applied to in-groups may not be readily adapted to out-groups, and most Chinese don't feel knowledgeable about dealing with outsiders.

Questions:

1) What is your opinion of Chinese concept "insider and outsider"?

2) How do you think Western people look at the relationship between insiders and outsiders in China?

三、跨文化交际学习与实践

（一）跨文化交际中的语言文化

交际学是一门运用众多学科的相关理论和方法来研究不同文化背景的人们的交际行为、交际规律和交际过程中所产生的种种现象的原因及如何达到有效交际的交叉性和应用性学科。换言之，交际是一种影响我们自己和他人的行为。不管我们发出或接受的是言语的或是非言语的信息，我们都在创造和产生行为。跨文化交际的过程既涉及文化的规约，也涉及语言的规约。这两类规约在不同文化里的差异就是导致跨文化交际障碍的根本原因。

1. 开场白的文化内涵

（1）称呼：有些中国学生称玛丽为 Miss Mary 或约翰·史密斯教授为 Professor John。这是典型的语用失误。因为英语没有"称谓词＋名"这种模式，而汉语称呼玛丽小姐是非常普通的事情。

（2）问候：问候语的使用也要遵循相互性原则。英美社会，人们相见，用"Hello!"，"How are you?"司空见惯。但中国学生很多人却说："Hello! How are you getting on?" 这句话暗含说话人已知道对方正在干些什么事情，因此而询问进展情况如何。把它作为初见问候，显然不适合。

（3）寒暄：在包括汉语和英语的许多国家文化里，以寒暄方式开始交谈，几乎是非常普遍的习惯。但是，交谈双方在当天已见过面并交换过寒暄情景里，人们通常是避免寒暄的。而且，"It's raining today, isn't it ?"这种天气的简单陈述是不合适的。我们可以说："Nice day. Quite a storm last night. Going to clear up, isn't it?"

可见，在跨文化交际中，社会文化知识是构成交际能力的一个关键因素。不同文化背景下，人们的说话方式或说话习惯均有差异。

2. 其他语言文化内涵

（1）告别：告别语的功能之一是巩固交谈双方的社会关系。比如，可使用关心对方健康的表达用语，如 Take care now; Watch how you go; Hope your cold gets better soon 等等。汉语中经常对病人说："多喝点开水""多穿点衣服"之类的话语，表示关怀与安慰，很正常。然而，英语不用 Drink plenty of water 之类的话语，因为在说英语的国家，人们没有这种习惯，在上述所提及的语境下也不会使用此类话语。

初学英语，有时会忽视交谈的双向过程，结束谈话是要经过交谈双方协调，以达到特定会话活动的目的。像"I have nothing to say, so good bye."的表述在英语中显得特别唐突。

（2）请求：请求言语行为的特点是，听话人有接受请求也可以拒绝请求的自由。关键是如何反应请求？有时令人困惑。例如："I wonder if you'd mind posting the letter for me on your way home, John？回答有两种。

A：No. I don't mind.

B：No, not at all

C：Yes. I do.

选择 A 是不太合适，略显对说话人稍有距离；选择 B 是合适的，因为这是一个要求采取行动的请求，此回答表示乐意；若选择 C 的话，就表示说话人不愿意了。

（3）道歉：道歉言语行为是说话人公开承认做了不应该做的事情或没有做该做的事情。道歉是对某种无礼的言行进行补救的行为。知道什么时候道歉，怎样道歉很重要。同时道歉者也希望对方接受道歉。如一声 That's all right，就可使一个道歉行为得以完成。道歉的言语行为是规约化的。在汉语里，我们在接受别人道歉时常说："没关系"。在英语里，It doesn't matter. 不能用来表示接受道歉。而应该说：That's all right. That's OK. 或 No problem. 等。

某一言语行为的交际意义与许多因素有关，如语言与非语言的环境、谈话双方之间的关系，谈话主题，以及双方共有的背景和知识等。中国人在使用英语与英语国家人士进行交际过程中，往往因为缺乏对上述因素之一的了解而造成误会或谈话中断，致使交际失败而达不到预期目的。

（二）跨文化交际中的语言故障

跨文化交际这个词译自英语 inter-cultural communication，早期也称为 cross-cultural communication。它指本族语者与非本族语者之间的交际，也指任何在语言和文化背景方面有差异的人们之间的交际。在跨文化交际中，由于一方对另一方的社会文化传统缺乏了解，因而出现不恰当的言行，这是产生交际故障的一个主要原因。不同的文化背景的人们的说话方式或习惯不尽相同，是在跨文化交际中产生故障的另一个原因。不同背景的人们都各自有一套说话规约或习惯，如怎样开始交谈和保持谈话继续进行、怎样组织信息、怎样表示话语的连接、怎样表示强调、怎样表示礼貌等等。在跨文化交际中，人们总是习惯于用自己的说话方式来理解对方的话语，这就有可能对说话人的话语或交际意图做出不正确的推论,造成双方交际故障和冲突。语言学者把跨文化交际中出现的故障称作语用失误或跨文化语用失误。

 技能训练

分析下面案例

假设:你在街上看见一个外国人像是迷路了。你想帮助他,应该怎么说呢?

选择:

A:What can I do for you?

B:Can I help you?

分析:选择 A,在这样的场合下不太合适,因说话人提供帮助的意愿表达过于直截了当,好像那外国人肯定需要你帮助似的。其实,说话人并不能肯定那个外国人是否真迷路。选择 B 较合适,因为提供帮助的意愿比较一般,不是十分直接与肯定,带有试探的口气。在这种情况下,即使遭到拒绝也不致使自己和对方尴尬。

 单元小结

本单元重点介绍文化、语言以及跨文化交际的理论背景等。强调文化不是天生固有的知识系统,而是和语言一样,是后天习得的。习得本国文化,如同习得本国语言一样,往往是一种习惯成自然的行为过程。而习得外国语言文化则不然。没有强烈的外国语言文化习得意识,不可能掌握所学的外语。在跨文化交际的过程中,我们要有强烈的外国语言、文化意识,避免交际故障,唯此我们才能有效地进行跨文化交际。

 拓展阅读

Cross-cultural communication (also frequently referred to as intercultural communication, which is also used in a different sense, though) is a field of study that looks at how people from different cultural backgrounds communicate, in similar and different ways among themselves, and how they endeavor to communicate across cultures.

During the Cold War, the United States economy was largely self-contained because the world was polarized into two separate and competing powers: the east and west. However, changes and advancements in economic relationships, political systems, and technological options began to break down old cultural barriers. Business transformed from individual-country capitalism to global capitalism. Thus, the study of cross-cultural communication was originally found within businesses and the government both seeking to expand globally. Businesses began to offer language training to their employees. Businesses found that their employees were ill equipped for overseas work in the globalizing market. Programs were developed to train employees to understand how to act when abroad. With this also came the development of the Foreign Service Institute, or FSI, through the Foreign Service Act of 1946, where government employees received trainings and prepared for overseas posts. There began also implementation of a "world view" perspective in the curriculum of higher education. In 1974, the International Progress Organization, with the support of UNESCO and under the auspices of Senegalese President Léopold Sédar Senghor, held an international conference on "The Cultural Self-comprehension of Nations" (Innsbruck, Austria, 27—29 July 1974) which called upon United Nations member states "to organize systematic and global comparative research on the different cultures of the world" and "to make all possible efforts for a more intensive training of diplomats in the field of international cultural co-operation... and to develop the cultural aspects of their foreign policy."

In the past decade, there has become an increasing pressure for universities across the world to incorporate intercultural and international understanding and knowledge into the education of their students. International literacy and cross-cultural understanding have become critical to a country's cultural, technological, economic, and political health. It has become essential for universities to educate, or more importantly, "transform", to function effectively and comfortably in a world characterized by close multi-faceted relationships and permeable borders. Students must possess a certain level of global competence to understand the world they live in and how they fit into this world. This level of global competence starts at ground level—the university and its faculty—with how they generate and transmit cross-cultural knowledge and information to students.

Cross-cultural communication tries to bring together such relatively unrelated areas as cultural anthropology and established areas of communication.

Its core is to establish and understand how people from different cultures communicate with each other. Its charge is to also produce some guidelines with which people from different cultures can better communicate with each other.

Cross-cultural communication, as in many scholarly fields, is a combination of many other fields. These fields include anthropology, cultural studies, psychology and communication. The field has also moved both toward the treatment of inter-ethnic relations, and toward the study of communication strategies used by co-cultural populations, i. e. , communication strategies used to deal with majority or mainstream populations.

The study of languages other than one's own can not only serve to help us understand what we as human beings have in common, but also assist us in understanding the diversity which underlies not only our languages, but also our ways of constructing and organizing knowledge, and the many different realities in which we all live and interact. Such understanding has profound implications with respect to developing a critical awareness of social relationships. Understanding social relationships and the way other cultures work is the groundwork of successful globalization business efforts.

Language socialization can be broadly defined as "an investigation of how language both presupposes and creates anew social relations in cultural context". It is imperative that the speaker understand the grammar of a language, as well as how elements of language are socially situated in order to reach communicative competence. Human experience is culturally relevant, so elements of language are also culturally relevant. One must carefully consider semiotics and the evaluation of sign systems to compare cross-cultural norms of communication. There are several potential problems that come with language socialization, however. Sometimes people can over-generalize or label cultures with stereotypical and subjective characterizations. Another primary concern with documenting alternative cultural norms revolves around the fact that no social actor uses language in ways that perfectly match normative characterizations. A methodology for investigating how an individual uses language and other semiotic activity to create and use new models of conduct and how this varies from the cultural norm should be incorporated into the study of language socialization.

However, with the process of globalization, especially the increasing of global trade, it is unavoidable that different cultures will meet, conflict, and blend together. People from different cultures find it is hard to communicate not only due to language barrier but also affected by culture styles. For instance, in independent cultures, such as in the United States, Canada and Western Europe, an independent figure of self is dominant. This independent figure is characterized by a sense of self relatively distinct from others and the environment. In interdependent cultures, usually identified as Asian as well as many Latin American, African and Southern European cultures, an interdependent figure of self is dominant. There is a much greater emphasis on the inter-relatedness of the individual to others and the environment, the self is meaningful only (or primarily) in the context of social relationships, duties and roles. To some degree, the effect brought by cultural difference override the language gap. And this culture style difference contributes to one of the biggest challenge for cross-culture communication. Effective communication with people of different cultures is especially challenging. Cultures provide people with ways of thinking—ways of seeing, hearing and interpreting the world. Thus the same words can mean different things to people from different cultures, even when they talk the "same" language. When the languages are different, and translation has to be used to communicate, the potential for misunderstandings increases. The study of cross-cultural communication is fast becoming a global research area. As a result, cultural differences in the study of cross-cultural communication can already be found. For example, cross-cultural communication is generally considered to fall within the larger field of communication studies in the US, but it is emerging as a sub-field of applied linguistics in the UK.

As the application of cross-cultural communication theory to foreign language education is increasingly appreciated around the world, cross-cultural communication classes can be found within foreign language departments of some universities, while other schools are placing cross-cultural communication programs in their departments of education.

With the increasing pressures and opportunities of globalization, the incorporation of international networking alliances has become an "essential mechanism for the internationalization of higher education". Many universities from around the world have taken great strides to increase intercultural understanding through processes of organizational change and innovations. In general, university processes revolve around four major dimensions which include: organizational change, curriculum innovation, staff development, and student mobility. Ellingboe emphasizes these four major dimensions with his own specifications for the internationalization process. His specifications include: 1) college leadership; 2) faculty members' international involvement in activities with colleagues, research sites, and institutions worldwide; 3) the availability, affordability, accessibility, and transferability of study abroad programs for students; 4) the presence and integration of international students, scholars, and visiting faculty into campus life; and 5) international co-curricular units (residence halls, conference planning centers, student unions, career centers, cultural immersion and language houses, student activities, and student organizations).

Above all, universities need to make sure that they are open and responsive to changes in the outside environment. In order for internationalization to be fully effective, the university (including all staff, students, curriculum and activities) needs to be current with cultural changes, and willing to adapt to these changes. As stated by Ellingboe, internationalization "is an ongoing, future-oriented, multidimensional, interdisciplinary, leadership-driven vision that involves many stakeholders working to change the internal dynamics of an institution to respond and adapt appropriately to an increasingly diverse, globally focused, ever-changing external environment". New distance learning technologies, such as interactive teleconferencing, enable students located thousands of miles apart to communicate and interact in a virtual classroom.

Research has indicated that certain themes and images such as children, animals, life cycles, relationships and sports can transcend cultural differences, and may be used in international settings such as traditional and online university classrooms to create common ground among diverse cultures (Van Hook, 2011).

The main theories for cross-cultural communication are based on the work done looking at value differences between different cultures, especially the works of Edward T. Hall, Richard D. Lewis, Geert Hofstede and Fons Trompenaars. Clifford Geertz was also a contributor to this field. Also Jussi V. Koivisto's model on cultural crossing in internationally operating organizations elaborates from this base of research.

These theories have been applied to a variety of different communication theories and settings, including general business and management

(Fons Trompenaars and Charles Hampden-Turner) and marketing (Marieke de Mooij, Stephan Dahl). There have also been several successful educational projects which concentrate on the practical applications of these theories in cross-cultural situations.

These theories have also been criticized mainly by management scholars (e.g. Nigel Holden) for being based on the culture concept derived from 19th century cultural anthropology and emphasizing on culture-as-difference and culture-as-essence. Another criticism has been the uncritical way Hofstede's dimensions are served up in textbooks as facts (Peter W. Cardon). There is a move to focus on "cross-cultural interdependence" instead of the traditional views of comparative differences and similarities between cultures. Cross-cultural management is increasingly seen as a form of knowledge management. Cross-cultural communication gives opportunities to share ideas, experiences, and different perspectives and perception by interacting with local people.

There are several parameters that may be perceived differently by people of different cultures. These may include:

Perception of Time: In some countries like China and Japan, punctuality is considered important and being late would be considered as an insult. However, in countries such as those of South America and the Middle East, being on time does not carry the same sense of urgency.

Perception of Space: The concept of "personal space" also varies from country to country. In certain countries it is considered respectful to maintain a distance while interacting. However, in other countries, this is not so important.

Non-verbal Communication: Cultures may be either Low-context or High-context. Low-context cultures rely more on content rather than on context. They give value to the written word rather than oral statements. High-context cultures infer information from message context, rather than from content. They rely heavily on nonverbal signs and prefer indirectness, politeness & ambiguity.

参 考 文 献

陈晓萍:《跨文化管理》,北京:清华大学出版社,2006年。
胡文仲:《跨文化交际学概论》,北京:外语教学与研究出版社,2003年。
王诚:《通信文化浪潮》,北京:电子工业出版社,2006年。

许力生：《跨文化交际》，上海：上海外语教育出版社，2008年。

张国良、陈青文、姚君喜：《沟通与和谐：汉语全球传播的渠道与策略研究》，《现代传播》2011年第7期。

http：//www.china.com.cn/chinese/zhuanti/xxsb/545593.htm

第二单元
跨文化交际中的语言文化差异

Language is the most imperfect and expensive means yet discovered for communicating thought.

— William James

　　语言学家多拉在《语言教育：科学的方法》中指出："如果我们不熟知文化背景，就不能教好语言。语言是文化的一部分，因此，不懂得文化的模式和准则，就不可能真正学到语言。"语言作为人类传达信息、交流思想最重要的工具，与文化的关系密不可分。了解语言背后的文化因素，掌握不同语言在语音、词汇、语义、语用等层面的差异，是促进跨文化交际顺利进行的保障。

知识要点

1. 语言间的文化差异
2. 语音的差异
3. 词汇的差异
4. 跨文化语用差异

能力目标

1. 掌握跨文化交际技能
2. 了解语言之间的差异
3. 了解相关文化之间的差异
4. 处理跨文化语用问题

案例导入

以下会话发生于一个中国商人和美国商人在中国的初次见面。

中国人：What's your name?

美国人：My name is John Ports.

中国人：Where are you from?

美国人：I'm from New York, the USA.

中国人：How old are you?

美国人：(迟疑地) I'm 40.

中国人：Are you married?

美国人：(再次迟疑地) Yes, I am.

中国人：How many children do you have?

美国人：Three. Two sons, one daughter.

中国人：Where do you work now?

美国人：I work in an international business.

中国人：How much do you earn a month?

美国人：(没有回答)

中国人：Are your children and wife in China or the USA?

美国人：In the United States.

中国人：Will they come to see you in China?

美国人：Yes, they will come next year.

分析：从语言学的角度看，以上会话中的句子语法上都没有错，但从有效沟通的角度看，中国人的很多问题都问得非常不合适，甚至冒犯了那位美国朋友的隐私。由此可见，学会说一门外语并不代表就能够成功地与持有该文化背景的人沟通，在语言交际中还应注意到语义和语用层面以及语言文化方面的差异问题。

一、语言的特点

大自然给予人类最大的礼物就是创造和使用语言的能力。这也是人类与其他动物最大的区别。语言是人类独有的，尽管其他动物也能够通过一些方法进行交流，如：小鸟通过唱歌来吸引配偶，蜜蜂通过舞蹈的方式告诉伙伴食源的方向和距离，蚂蚁通过触角来传递信息，但它们各自交流的方式不能被称为语言。只有人类独特的语言能力可以赋予抽象的符号特定的意义，例如：happy(幸福)，sun(阳光)等等。美国语言学家 Sapir 认为，语言是人类所特有的、非本能地使用自发创作的符号表达思想、情感和愿望的交际手段。人类通过语言沟通彼此的思想和感情，交换信息和知识。因此，语言也就存储了前人的劳动和生活经验，记录着民族的历史，反映着民族的经济生活，透视着民族的文化心态，蕴含着民族的思维方式。语言作为文化的结晶，具有以下特点：

1. 符号性

语言是由符号系统组成的一个系统。它可分为语音、语义和词汇、语法三大要素。语音是语言的物质外壳，是语言的物质表现形式；语义是语言的内容。语音和语义在具体的语言中是统一于一体的，密不可分的。

2. 任意性

每一种语言的音与义的结合是任意的，这是语言符号的最大特点。人们最初用什么样的语音去标记客观事物，从而指代该事物获得意义，这是任意的，社会约定俗成的。我们将能制造劳动工具的动物，汉语叫 rén(人)，日语叫 hito，英语叫 man，西班牙语叫 hombre。语言符号的任意性是指人们最初用什么样的语音形式去标记客观事物而说的，不是指人们对语义的任意解释。语义是客观事物在人们头脑中的反映，是客观事物本身的特性所赋予的。不同国家的人对"人"的认识是基本相同的，即能够制造劳动工具的动物。如果语言的意义也是任意性的，没有共同理解的基础，那么，人类社会中的思想交流就成为不可能的事了，语言也就丧失了交际工具的作用。

3. 不变性

虽然一开始人们赋予某个符号某种语音形式的行为是任意性的，可一旦经约定俗成,音与义的关系就固定了下来,个人不能随意改变它。在汉语中,一经把"椅子"叫作"yizi"后,个人就不能任意叫它其他名字了。如果音与义的关系能够随便更改,交际就无法进行。缺少稳固性,人们也无法学习如何运用语言。从这个角度讲,共时的语言符号具有不变性。

4. 可变性

从历史的角度看,语言符号具有可变性,具体表现为：一种语言在不同时期的语音、词汇、语义及语法都有许多差异,特别是词汇的增长和消亡。汉语由古代的文言文演变成现代汉语,古代称之为人体五官之一的"目",现在叫"眼睛";随着网络时代的发展,涌现了许多的新词,如"IPOD""给力""互联网""MP4"等,字与字之间的组合产生了新的意义。

二、语言差异与文化特点

（一）文化特点引起的语言差异

语言和文化有着密不可分的关系。语言是文化的重要载体,是文化的一个组成部分。语言离不开文化,不同的语言必然带有不同民族文化的烙印。一个社会的语言能反映与其相对应的自然生活环境和文化价值观。这种文化形态的差异反映到语言层面上,则表现为语言差异。因此,任何跨文化的交际都不能只从本国文化的接受心理去考察语言差异,而应兼顾文化差异。从文化差异出发去研究语言差异,才能进行有效的跨文化交际。试比较以下两组俗语：

A. 英语俗语

A smooth sea never makes a skillful mariner.
(平静的大海决不能造就出熟练的水手。)
He who would search for pearls must dive below.
(欲寻珍珠,需潜水底。/不入虎穴,焉得虎子。)
Living without an aim is like sailing without a compass.
(生活没有目标,犹如航海没有指南针。)
The water that bears the boat is the same that swallows it up.
(水能载舟,亦能覆舟。)

B. 汉语俗语

前人种树,后人乘凉。
斩草不除根,逢春必要生。
种田不用问,深耕多上粪。
生米煮成熟饭。
巧妇难为无米之炊。

以上A组英语俗语反映了英国地理环境的特点。英国是个岛国，四面环水，航海业特别发达。因此，很多俗语跟水、航海、钓鱼有关。而B组汉语俗语多数与农业有关。因为中国从古至今都是个农业大国，许多俗语与粮食、农业、耕作有关。

即使是同一语言在两种文化中，如英国和美国，也会出现对同一词汇的不同解释，从而导致交际中的误解。马克·吐温就曾说过：English and American are separate languages ... When I speak my native tongue in its utmost purity, an Englishman can't understand me at all.（英语和美语是两门独立的语言……当我用最纯正的美语跟英国人交流时，他们完全听不懂）。美语是在英语基础上分离出来的一个支系，在其发展过程中受其独特的历史、文化、民族、地域等各种因素的影响，形成了自己的特点，因而与英语有显著的不同。

bomb这个词在美国是指惨败的意思，如The project was a bomb。如果在英国，有人说：The project was a bomb. 则应该被理解为：该项目取得了巨大的成功。可见语境对话语理解的制约作用。再如first floor在英国表示二楼，而在美国表示一楼；vest在英国是内衣的意思，在美国则指西服背心。homely在英式英语中是friendly，warm，comfortable（友好、热情、舒适的）的意思，在美式英语中可以表示plain（平凡），甚至ugly（丑陋）的意思。

英国英语和美国英语除了对同一词汇有不同的解释，在用词上也存在许多差异，这与各自的文化有关。在拼写上，美国人是个注重实用的民族，拼写比较简洁：

	英语拼法	美语拼法
公斤	kilogramme	kilogram
方案	programme	program
目录	catalogue	catalog
风味	flavour	flavor
荣誉	honour	honor
劳动	labour	labor

某些概念的词汇表达上也有很大差异。试比较以下这几组日常生活中的常用词：

	英式	美式
公寓单元	flat	apartment
律师	lawyer	attorney
小汽车	car	auto
钞票	note	bill

薯片	crisps	chips
电梯	lift	elevator
高速公路	motorway	freeway
长裤	trousers	pants

(二)生活方式引起的语言差异

　　文化是语言的内涵,也是语言的底蕴。文化在最大程度上丰富且影响着语言,更重要的是,生活环境和生活方式也给语言中的词汇以很大的影响。在现代阿拉伯语中,表示骆驼的单词有1000多个,可区分骆驼的年龄、性别、品种和大小等。这是因为骆驼曾是大多数生活在沙漠中阿拉伯人的重要交通工具,是他们的生存依靠。而汉语中只有一个关于"骆驼"的词。英语中的camel,在英语里可细分为单峰骆驼(dromedary)和双峰骆驼(bactrian camel)。

　　在爱斯基摩人的生活中,辨认"雪"的颜色深浅有着特殊的生存意义。较深颜色的白雪往往比较坚固,而较浅颜色的白雪相对而言是新雪,可能不太安全。在他们的语言中,具有"雪"的含义的词有50多个。中国盛产茶叶,特别是广东潮汕地区和福建一带人们的生活离不开茶。因此,汉语中与茶有关的词汇也特别丰富,例如龙井、普洱、铁观音、碧螺春、毛尖、大红袍等。

　　中国人重视家庭观念,家庭成员之间的长幼尊序从汉语中大量的表示亲属关系的词语中可以看出来。汉语里对亲属的称谓强调男女有别,长幼有序,如爷爷、奶奶、外公、外婆、姨婆、小舅、小姨、二大爷、三大叔、四大婶、五大嫂、哥哥、弟弟、姐姐、妹妹等。而西方家庭关系相对比较松散,核心家庭只包括父母和子女,成员间的关系比较平等,也不强调父系和母系的区别以及同辈成员间的长幼之分。无论是爸爸还是妈妈的兄弟姐妹,统称uncle、aunt,自己的兄弟姐妹不管年长年幼,都只用brother或sister表示。中国人跟美国人在用汉语交际时,表示亲属关系的词语常常在互相理解对方意思方面会造成很大困难,因为不是所有的称呼都可以找到令人满意的对应词。如果缺乏语境,英语句子 His brother married my sister. 就很难译成汉语。

　　语言和生活、文化是相互作用、相互影响的。要理解语言就必须了解文化,反之亦然。特别是在交际的过程中,不同文化背景的人在用语言进行交流时,常常出现以下情况:由于文化上的差异,谈到某个严肃的问题时,因为措辞不当,引起哄堂大笑;当人们在讲笑话时,因缺乏共同的语言文化背景,非同一语言背景的人对笑话无动于衷。语言差异是不同文化间最重要的区别之一,也是跨文化交际的一个主要障碍。只有了解了语言在各个层面上的差异,以及其背后深层的文化意义,才能进行顺畅的交际。

1. 阅读下面的故事，回答问题。

Some years ago, several international businessmen were on a conference cruise when the ship began to sink. "Go tell those fellows to put on life jackets and jump overboard," the captain directed his first mate.

A few minutes later the first mate returned. "Those guys won't jump," he reported.

"Take over," the captain ordered, "And I'll see what I can do."

Returning moments later, he announced, "They're gone."

"How'd you do it?" asked the first mate.

"I told different things to different people. I told the Englishman it was the sporting thing to do, and he jumped. I told the Frenchman it was _____ ; the German that it was a command; the Italian that it was _____ ; the Russian that it was _____ ; so they jumped overboard."

"And how did you get the American to jump?"

"No problem," said the captain, "I told him he was _____ !"

Questions:

1. Can you decide to whom each of the following words was actually used by the captain?

revolutionary　　forbidden　　chic　　insured

2. What do you think of the story? Does it tell you something that is true of people of those different nations?

2. 思考下面问题

语言与文化的关系是什么？请列举2—3个例子说明文化对语言的影响。

【英语】You say that you love rain, but you open your umbrella when it rains. You say that you love the sun, but you find a shadow spot when it shines. You say that you love the wind, but you close your windows when wind blows. This is why I am afraid, you say that you love me too.

【汉语】白话版：你说你爱雨，但当细雨飘洒时，你却撑开了伞；你说你爱太阳，但当它当空时，你却看见了阳光下的阴影；你说你爱风，但当它轻抚时,你却紧紧地关上了窗户;你说你也爱我,而我却为此烦忧。

【汉语】诗经版:子言暮雨,启伞避之;子言好阳,寻阴拒之;子言喜风,磕户离之;子言偕老,吾所畏之。

【汉语】五言诗版:恋雨偏打伞;爱阳却遮阳;风来掩窗扉;叶公惊龙王。片言只语短;相思缱绻长。郎君说爱我,不敢细思量。

分析:此例中可以看出,英汉两种语言在结构、词序和语态等方面有着本质差别。英语中的一个版本可以被译为至少三个不同版本,且可能表达不同意境下的爱情故事,反之亦然。不过,这两种语言所体现出的文化差异却是无法翻译的。英文中通过使用诸如 rain,umbrella,sun,shadow,shine,wind,blow 等词来揭示人与自然之间的关系,使读者从中悟出说话人的话语意图。中文的五言诗版又使用了"叶公""龙王"等词,增添了汉语的文化色彩。因此,在跨文化交际的过程中,忽略或不理解语言表述中的文化意象,交际就可能随时中断,而导致交际失败。

能力目标

一、英汉语音差异

(一)汉语的语音特征

1. 一字一音,一韵多字

众所周知,汉语发音以字为单位,一个字一个音,响亮明晰、干脆利落(也有一字多音现象,但那是由于部分汉字一字多义所造成的,如"没"——没意思、沉没、没落)。汉语语音构成的特点是:除了少数汉字是纯韵母音素(如"阿、安、爱、鹅"等)以外,绝大部分汉字都是由"声母+韵母"拼合而成,其中声母相当于英语中的辅音音素,韵母相当于英语中的元音音素。汉语中的韵母,无论是一个韵母字母(a,e,i),还是两个或三个韵母字母组成(uo,ei,uai,iou),发出来的都是一个音,如"爱"。而英语就不一样,在国际音标里同样为"ai"的音,在发音时须由第一个元音音素滑向第二个元音音素,就是说,它其实是由两个音素构成,因而是双元音(三元音,our)。英语中很少有单音词,绝大多数的词都是多音词,如 identification。

汉语的每个字的尾部都不会有与英语辅音相当的音素,如 an,ing 等发出来的音素仍然只是一个母音。这在很大程度上导致汉语文字不可能演变成拼音文字。拼音文字的一个重要特点是:在很多场合,前后的音素可以拼合,前后的单词也可以连读。

从押韵的角度看,汉语语音中的 an,ian,uan,üan 这四个韵母彼此是押韵的,因此,应算一个韵脚。a,ia,ua 也是一个韵脚。汉语的 36 个韵母实为 17 个韵脚,可见押韵的字是很常见,这就是所谓"韵少字多、一韵多字"现象(也有"一音多字"现象)。

2. 一字一调

汉语是声调语言(音高起伏所形成的旋律模式与字词的发音紧密结合),其声调以四声表示:阴平、阳平、上声、去声,前两声为平声,后两声为仄声。一般情况下,汉语是一字一调(也有因一字多义引起的一字多调,从语义出发,汉字的每一种词义只有一音一调,如"哄"有三义,作"骗"时,读三声,"哄骗";形容众人同时发出的声响时,读一声,"哄堂大笑";作"吵闹"时,读四声,"起哄")。

每个汉字的语音无所谓轻重,语音的轻重只出现在句子层面,特别是句尾的助词、叹词等一般都轻读。如"你懂了吗?"。在一些叠音词构成的称呼语中,通常靠后的字要轻读,如"爸爸""妈妈"。

汉语是音节拍语言,汉字一字一音都严格按照音节长度规律发音,其语音抑扬顿挫,再加上汉语所特有的双声叠韵美,给人以节奏整齐、铿锵有声的感觉。

(二)英语的语音特征

1. 单词发音以多音为主

英语可独立存在的最小语义单位是词,由一个或多个字母拼写而成。就其发音而言,除了极少数只有单元音音素的词(如 or,a)是一个音以外,绝大多数的单词都是一词多音,即包含两个以上的音。从音位上看,英语单词的音节有"单元音或双元音(a,or,I,our)""辅音(组合)+元音(如 buy,sky)""元音+辅音(组合)(如 art,own,ink)""辅音(组合)+元音+辅音(组合)(如 bed,speak,watch,like)"等几种基本构成类型。英语中大量存在的双音节词以及多音节词的发音,就是由上述这些基本音节相互交叉组合而成。

从押韵角度看,英语单词有好几十万,要想押韵,单词尾部元音后的辅音音素就必须也相同或相似。这样一来,相对于汉语的同韵字,英语单词的同韵词乃至同音词就要少得多了,如 plain,blain。

2. 短语、句子有调,单词无调

英语是语调语言(音高起伏形成的旋律与短语、句子的发音紧密结合)。就其一个一个单词而言,没有声调之分,只有在短语、句子层面才有语调的差别。英语共有平调、降调和升调三种语调。通常情况下,句子的前部、中部以及独立的或不在句尾的短词读平调,句子尾部则读降调或升调。如一般疑问句句尾通常读升调：Have you understood what I said? 陈述句句尾通常读降调：A young woman was busy in the kitchen, and the children were playing outside the house. When he came in, I was reading an interesting novel.

从字词、语句的发音节律上看，英语采用的是"重音律动"模式，即遵循句子重音复现的规律、以重音为节拍吐词发音。因此，英语虽然没有平仄之分，但在单词层面和句子层面却有轻重音之分，如 important，English；Mary was reading her textbook very carefully in the classroom.

英语是重音拍的语言，通过采用单词重音、句子重音、逻辑重音、连读等种种手段，使语音有明显的轻重缓急，具备很强的音乐感和意群性。

（三）汉英语音差异

汉语在文学表现形式上具有一定的优势：它可以比较容易地使得上下句发声时间长短和用字数目多少的绝对一致，甚至在声调的平仄和语义上严格对仗。

1. 古诗四要素

字数对应、音调对称、语义对仗、尾韵相同。例如：
湛湛长江去，冥冥细雨来。（仄仄平平仄，平平仄仄平）
春蚕到死丝方尽，蜡炬成灰泪始干。（平平仄仄平平仄，仄仄平平仄仄平）
海内存知己，天涯若比邻。（仄仄平平仄，平平仄仄平）

2. 英语诗歌

就英语而言，一方面，英语作为一种拼音文字可以连读，这是它的优势。在语言表达和运用中它显得更为流畅，极富音乐感、流畅性。另一方面，由于大多数英语单词为多音节词，而且有长有短，长短不一，在语言形式上的表现力就远不如汉语。

Sweet day, so cool, so calm, so bright!
The bridal of the earth and sky...
The dew shall weep thy fall to-night;
For thou must die.
（甜美的白昼，如此凉爽、安宁、明媚！
天地间完美的匹配……
今宵的露珠儿将为你的消逝而落泪；
因为你必须离去。）

汉语是一种有声调的语言。汉语每一个音节不仅有元音和辅音，还有声调，而且声调有区别意义的作用，像"bā（八）、bá（拔）、bǎ（靶）、bà（爸）"

声调不同,意义也不一样。在汉语普通话里,有阴平、阳平、上声、去声四个基本声调。与英语相比,这确实是汉语一个很大的特点,也正是外国学生一个很大的学习难点。

技能训练

以下翻译句均有不足之处,请仔细阅读并加以完善。

1. It was an old and ragged moon.(那是一个又老又破的月亮。)
2. 他的英语说得真好,就像外国人一样。
(He speaks English so well, he sounds like a foreigner.)
3. 我过去学过一些法语,但现在都忘了,都还给老师了。
(I learned some French in the past. Now I have forgotten it. I've retuned it to the teacher.)
4. 不知不觉,天色已晚。
(We didn't know evening has fallen.)

参考译文:

1. 这是一弯下弦残月。
2. He speaks English so well, he sounds like a native speaker.
3. I used to know some French, but I've forgotten it. It has found its way back to my teacher.
4. Evening came before we realized it.

由此可见,英汉语因为在特定的词汇、句法结构等方面的不同,故两种语言在语意表达上呈现较大的差异。因此,我们在理解这两种语言时或对它们进行翻译的时候,要力求避免Chinglish或有翻译腔的中文。

二、词汇与语义差异

(一) 词汇的双层意义

语言是文化的载体,在语言中,词汇和语义最能充分、生动地反映出生活的各个侧面。因此,负载文化的任务主要是由词汇,特别是实词词汇承担。

词汇可分为一般词汇与文化词汇,一般词汇几乎不包含任何文化伴随意义,比如"太阳""沙发""桌子""学校"等。文化词汇是指特定文化范畴的词汇,它是民族文化在语言词汇中直接或间接的反映。文化词汇区别于一般词汇主要表现在以下两个方面:一是文化词汇本身载有明确的民族文化气息,并且隐含着深层的民族文化的含义。文化词汇的另一特点,是它与民族文化,包括物质文化、制度文化和心理文化有各种关系,有的是该文化的直接反映,如"龙、凤、华表"等;有的则是间接反映,如汉语中的红、黄、白、黑等颜色词及松、竹、梅等象征词语;有的和各种文化存在着渊源关系,如来自文化典籍的词语及来自宗教的词语等。简单地说,文化词汇就是指在某一特定文化中带有一定文化伴随意义的词汇。在跨文化交际中,容易引起误解就是因为文化词汇的存在。而对于这些词汇的学习和研究,较好的处理方法就是从它们的词义入手。

词汇意义可以分为两个层面:表层意义和深层意义。表层意义指词汇的"指示意义"(denotation)或"概念意义",即词典给出的定义解释,通常比较固定;而深层意义是指词汇的"隐含意义"(connotation)或"联想意义",是通过联想而逐渐发展起来的意义,因人因时而异。politician 一词在英语中的指示意义是"从事政治,以政治为生涯的人",它的隐含意义则是"言而无信,说一套做一套,能言善辩,不讲信用的人"。在西方,由于从事政治的人在竞选时常常采取各种手段争取选票,经常许下承诺要改善人们生活,改革社会制度等,一旦当选后,又常常把自己的许诺抛诸脑后。因此,人们在使用这个词时难免作坏的联想,从而使 politician 逐渐变成了一个贬义词。

(二)英汉词汇中的文化差异

语言反映文化,而文化的多样性导致了词汇意义的差异。两种语言间常出现概念不对等,褒贬义迥异等现象,词汇的丰富性方面也因文化而异。

词汇的联想意义最能反映出文化间的差异。例如"月亮"(moon)一词反映了不同民族的文化习俗。在李白家喻户晓的诗歌《静夜思》中:"床前明月光,疑是地上霜;举头望明月,低头思故乡","明月"象征着家和家乡。而在张九龄的诗句"海上生明月,天涯共此时"中,"明月"象征着思念。独在异乡的苏东坡曾写下"但愿人长久,千里共婵娟"的诗句。可见,圆满的秋月常常让中国人想到家人团聚。而在英语中,moon 并没有这个联想意义。如果一个美国人看到月亮,可能不会想起家乡,他想到的可能是宇宙飞船、登月、太空人等。没有了解过中国文化的西方人听到 moon cake 这个词,也是不理解它的含义的。

individualism 一词体现了美国人向往自由,追求独立自主,个人奋斗,努力进取的价值观。这个词具有正面的积极内涵。可在中国,individualism 被翻译成"个人主义",而"个人主义"在汉语中的定义是"一切从个人出发,把个人利益放在集体利益之上,只顾自己,不顾别人的错误思想"。显然,这与中国人崇尚集体主义,大公无私,"先天下人之忧而忧,后天下人之乐而乐"

的文化价值观相违背。因此,"个人主义"一词在汉语中具有消极的贬义意义。

汉语中有许多概念在英语中找不到对应词。中国俗语"夏练三伏、冬练三九"(Three Fu, Three Nine),表示节气(Solar Terms)的词如雨水(Rain Water)、清明(Pure and Brightness)、惊蛰(Waking of Insects)等在英语中都找不到。中国传统医学的一些概念如阴、阳、上火、风寒等,也很难向西方人说得清楚。电影《刮痧》就讲述了由于美国不懂刮痧的原理和概念所造成的与主角一家一系列的误解和冲突。中国人在形容人群拥挤的时候,会说"人山人海""芝麻酱煮饺子",这些比喻很生动很贴切,可西方人常觉得无法理解。他们形容某地人多,拥挤不堪,常说 It was packed like sardines(塞得像沙丁鱼罐头一样,拥挤不堪)。有些中国人可以理解这种比喻,但没有见过打开的沙丁鱼罐头的人可能就不一定能够欣赏其妙处了。

2010年广州亚运会的吉祥物名字为乐羊羊,由五只不同颜色、相态各异的羊组成,名字组成"祥和如意乐洋洋",传达广州人民对亚洲以及世界人民的美好祝愿:吉祥、和谐、幸福、圆满和快乐,同时也传达了运动会"和谐、激情"的理念。可这几个字在英文中找不到相对应的、具有相同内涵的词,因此,只能采用音译法来翻译,外国人看到它的英文译名可能就无法像中国人那样欣赏吉祥物名字的文化内涵了。

竹子是生长在中国特定地区的一种植物,与中国传统文化有着深厚的关系,汉语成语中常出现"竹"字。如"雨后春笋"用来形容一般事物的迅速发展和大量涌现,具有比喻意义。还有"胸有成竹""势如破竹"等。中国人也常以竹喻人,表达坚定正直的性格,例如:

常爱凌寒竹,坚贞可喻人。——李程《赋得竹箭有筠》
竹死不变节,花落有余香。——邵谒《金谷园怀古》

相反,英语中 bamboo 一词是从其他语言中借来的,在英语里几乎没有什么联想意义。因为竹子不是英国土生土长的植物,所以,英国人对于竹子并不像中国人那么熟悉。像"雨后春笋"这个成语,如果我们按字面意思将该成语直接译为 like bamboo shoots after a spring shower,英国人可能会感到迷惑,如果将其译为 just like mushrooms(像蘑菇一样多),更能让英国人理解。

英语中也有许多词汇很难在汉语中找到对应词,因为中国没有相对应的概念。如 drive-in/drive-through restaurant(汽车餐厅)一词所表达的是美国常见的一种快餐店模式的名称,司机不需要下车,只需把车停到餐厅外的点餐牌前就可点餐,再把车开到另一角的取餐口拿餐,然后离开。这在中国目前还是比较少见的。同样,汉语中没有表达 cowboy 和 hippie(或hippy)意思的对应词。这两个词是美国社会特有的产物。cowboy 与美国早期开发西部地区有关,关于他们的传说总带有浓厚的浪漫主义和传奇色彩。在汉语中译为"牛仔",反映不出这些意义。汉语中把 hippie 译成"嬉皮士",这个词可能会造成误解,因为那批青年并不都是"嬉皮笑脸"的人,其中有不少人对待社会问题很严肃,对社会怀有某种不满情绪。他们的生活方式与众不同:往往蓄长发,身穿奇装异服,甚至行为颓废,染上吸毒恶习等。playboy 被译为"花花公子",punk 被译为"小流氓",但如果不了解西方文化的人并不能确切知道这些词到底指什么样的人。

受地理环境的影响,在不同的文化里,相同的词汇也可能有不同的文化涵义。例如,"西风"这个词在英汉两种语言中具有不同的意义。英国春天盛行西风,诗人 John Masefield(1878—1967)在《西风颂》中写道:

It's a warm wind, the west wind, full of birds' cries.
I never hear the west wind, but tears in my eyes.
For it comes from the west lands, the old brown hills.
And April's in the west wind, and daffodils.

(那是一种温暖的风,西风吹时,百鸟争鸣。一听西风起,我眼眶中热泪盈盈,因为这是来自西土,那褐色的故山边。春天就在西风中到来,还有水仙。)

在中国,一提到西风,人们就会有一种寒冷,凄凉萧条的感觉,例如:
碧云天,黄叶地,西风紧,塞燕南飞,晓来谁染霜林醉,尽是离人泪。

——王实甫《西厢记》

古道西风瘦马,夕阳西下,断肠人在天涯。

——马致远《天净沙》

同是西风,在中国和英国却是一寒一暖,这是由于两国的地理位置和气候特点而形成的文化差异。在中国,西风吹人冷,东风才宜人。中国有许多关于东风的诗句:"东风夜放花千树""东风随春归"等。而在英国,因为地处西风带,从西南的大西洋吹来的暖湿气流,使这个国家温润多雨。这样一来,英语中的"west wind"完全具有不同于汉语中"西风"的文化意义。

英汉语中有些词表面上似乎指同一事物或概念,其实指的是两回事。有些中国人在介绍自己的爱人时,常用 lover 这个词。西方人对此感到很惊讶,因为在英语中,lover 表示情夫或情妇。汉语中"爱人"这个词的英语对应词应是:husband(丈夫)或 wife(妻子);fiance(未婚夫)或 fiancee(未婚妻)。

美国总统的夫人和州长的夫人常称为 First Lady,有时译作"第一夫人",但一些中国人看到"第一夫人"字样会发生误解,以为既然有"第一夫人"就有"第二夫人"甚至有"第三夫人""第四夫人"等。

其他如指处所、机构的词语 rest room,它指的不是休息室,而是指剧院、大商店或大建筑物中的一间干净整洁,设有厕所、盥洗设备等,供顾客、雇员使用的房子,相当于"洗手间"。休息室的表达则是 lobby,lounge 等。

(三)语用的文化差异

1. 问候方式

见面打招呼在各个文化中都有自身的一套问候语系统。中国人见了面最常用的问候语是:

去哪里?

吃了吗?

早!干什么去?

你在忙什么?

从语用的角度看,这些句子的功能就是"问候",听话人不需把它当作严肃的问题来对待,他们的回答常常也是用程序化的问答语。可如果跟英语国家的人在街上碰了面,开口就说:

Where are you going?

What are you doing?

Have you eaten?

这样的问候可能会让对方吓一跳,或觉得不悦,因为在他们看来这些问题有窥探他人隐私之嫌。英语中常用的问候语是:

Hey, what's up?

How are you?

Good morning.

另外,在校园中学生碰到老师,习惯用"老师"或"老师好"一类的称呼语,以示尊敬。可如果碰到的是外教,学生也用 Teacher、David 这样的称呼作为打招呼的方式,则可能会让对方感到莫名其妙。他们会以为学生叫他们的名字,是因为有事相告,可是对方叫了他们的名字后又不作停留,继续向前走,这会让他们摸不着头脑。在西方,很少有人会直呼别人的名字作为打招呼的方式,应该在前面加一句 Hello, David。

2. 告别方式

交际双方在告别时说些什么也受到不同文化习俗的影响。一般情况下,中国人在告别时常见的用语有:

走好!慢走!

明天见!

不送了!有空再来玩!

再见!

英语国家的人常用的告别语有:

Good bye!

See you later!
It's nice talking to you. Good bye!
Talk to you later!
See you tomorrow!
Have a nice day!

从上述英汉常用的告别语来看,有相似之处,如再见(Good bye),明天见(See you tomorrow)等。如果是在电话或网络交谈中,英语国家的人在结束会话时常用 Talk to you later(一会再聊),这其实不代表时间上的"一会",而应该理解成"下次再聊"。还有一些告别用语也有不同之处,如汉语的"慢走""不送了"。如果将这些用语直译成英语 Walk slowly,Won't see you off 并用于跨文化交际当中,就会显得相当的别扭和不合适。

东西方不同文化背景的人在别人家聚餐做客后,临别时所用的礼貌语也存在着很大的区别。中国人会说:

不好意思,今天给您添麻烦了。

(Sorry, I have given you so much trouble.)

而西方人则会说:

Thank you so much for the wonderful dinner. I have a great time tonight.

西方人喜欢用感谢语来道别,而中国人则常用道歉语来告别,可以看出东西方文化在礼貌行为上的差异之大。

3. 款待方式

中国人热情好客,一旦有客人来访,总是先送上茶水,再以最好的东西款待对方。而作为客人,对主人的款待则会先客气性地推辞一番,以下对话在中国人的生活中非常常见:

主人:请坐,请坐!我去给您泡杯茶。

客人:不用麻烦了,我不喝。

虽然客人表明了他不喝,多数情况下,主人还是会奉上热茶给他,因为在中国,"我不喝"在这种场合下只是作为一种礼貌性的回答,说明客人不想给主人添麻烦,并不是说明客人真的不想喝茶。中国主人明白这一点,所以,尽管客人的婉拒,还是照样会泡茶,这也是合乎中国礼节的待客之道。

在西方英语国家,我们会经常听到以下的对话:

Host: Please take a seat. Would you like something to drink?

Guest: Yes, please. (No, thanks)

曾经有一个中国学生受邀到一个美国同学家里做客,参加他们的圣诞聚会。由于中国学生刚刚到达美国不久,对当地文化不太了解。当美国同学问他: Would you like something to drink? 他的第一反应是: No, no, don't bother. I don't drink. 美国同学对他的回答十分惊讶，这样的回答在西方国家是有点突兀，且显得不礼貌的。中国学生其实是把中国的语用规则应用到了英语交往中。尽管他其实很口渴，但出于礼貌他用了否定的回答。美国同学却把他的话当真，以为他不想喝东西，所以，没有给他任何饮料。对于美国人来说，这是他们的待客之道，即尊重客人的选择。

4. 邀请方式

有一个中国留学生 Margie 刚到美国时，她的舍友 Shirley 对她非常热情。因为她没有车，购物很不方便，Shirley 跟她说：You can do shopping with me sometimes. 谈到如何度周末时，Shirley 又说：You should come to my parents' house. 类似这样的话很多，Margie 满心欢喜，以为 Shirley 在热情邀请她去她家玩。可是日子一天天过去，Shirley 再也没提过购物或带她回家的事，特别是到了周末，Margie 看到舍友收拾东西回家了，却没有一点要带她回去的意思。出于中国人的矜持，她不好意思问到底怎么一回事。经过多次这样的事情发生之后，Margie 开始感到很气愤，觉得美国人言而无信。

其实美国人并非言而无信。他们经常会说这样的话：You must come to see us 或 We must get together soon。这些话并非真正的邀请，而只是客气话，跟汉语中的"有空来我家玩""改天聚一聚"是一样的意思。如果是正式的邀请，美国人会说明具体的时间、日期和地点。

在接受邀请的反应上，中国人常常会让西方人感到困惑，如一外教邀请一个中国教师参加烧烤活动：Would you like to join our barbecue on the roof of our building on Saturday afternoon? 中国教师的回答是：I don't know if I have time. I will try to come. 这样的回答让外教摸不着头脑，因为他不确定到底对方是否能来。英语中接受邀请的回答比较直接，如：Yes, I would love to. Thanks. 或 I would like to, but I have already made other plans. Thanks anyway.

5. 恭维与致谢

中西方两种文化有着不同的礼貌评判标准和实现方略。汉文化重视谦逊准则，而西方文化则突出得体准则。谦逊准则要求人们尽量减少对自己的表扬，尽量贬低自己。西方文化则认为，欣然接受对方的赞扬可避免损害对方的面子，因而是礼貌的。西方人对恭维往往表现出高兴与感谢，采取一种迎合而非否定的方式，以免显露出与恭维者不一致，令人难堪。中国人则大都习惯否认，提倡"谦虚"和"卑己尊人"，但这种做法却会给西方人带来困惑和不解。

一澳大利亚籍外教 Thomas 受邀到一个中国同事家吃晚餐。他一进门，同事的老公就用流利的英语跟他说：Welcome to my home. Thomas 感到很惊讶,他知道同事的老公是一名医生,并不经常说英语。他赞赏道:Your English is excellent! 结果,医生脱口而出:No, no, my English is very poor. 参观完同事的房子,Thomas 对他们说:You have a very beautiful house. 医生马上又接口:No, it's very small.

从上面的例子,可以看出中国人对待别人的恭维习惯了用否定来表示自己的谦卑。但是在跨文化交际中,这样的回答显得非常不自然。

西方人除了不吝啬对别人的赞赏和恭维,在致谢和表达感激方面,中西方人也存在极大的差异。西方人把 thanks 和 thank you 时时挂在嘴边,不管是亲密的家人、朋友,还是陌生人,只要对方为自己做了点什么,他们都会表示致谢,如妈妈帮儿子递了个盘子,儿子也会说声谢谢。中国人对越亲密的人越少表达感激之情。我们很少对父母说谢谢,也很少对丈夫妻子致谢。这跟中国人的群体观和家庭观有关。

在对感谢的应答上,西方人常常用以下表达法:

You are welcome.

It's my pleasure.

Don't mention it.

中国人在听到别人的致谢时,常会说:

这是我应该做的。

这是我的职责。

在汉语中,职责范围内的事情不需要答谢,所以这两句话是想表达"这是我的职责范围,不需要客气",是表示对致谢人的客气。可是如果跟英美人交谈时,直接把这两句话译成英语:This is what I should do 和 This is my duty,这样的中国式"谦虚"可能会给他们带来"面子"威胁。从语用学的角度分析,这两句话语的语用意义变成了"这不是我情愿做的,只是责任而已"。英美国家的人听到这样的话会感到十分尴尬。

6. 询问

西方人在交际中注重个人隐私和独立,总是从个人主义立场出发,强调个人的面子。而中国人所持有的是依附性的自我观,非常重视参与以及个体与团体的关系,注重集体荣誉感。在交际中,他们往往从集体主义文化观出发,强调群体的面子。中国人在交际时喜欢问人私事,或毫无保留地披露自己的私事。两个中国人初次见面就可能会互相询问对方的年龄、婚姻状况、子女、工作,甚至收入等等。中国人认为这是出于对对方的关心,这些问题有助于缩小双方的社交距离。

但是对于多数英美人来说,打听对方的年龄是很失礼的。婚姻、家庭、收入、体重等也是属于私事范围,在同英美国家的人交谈时应该避免 Are you married or single? How much do you earn a month? What's your age?

等类似的问题。

以上的例子说明跟不同文化的人进行交际时,只掌握对方的语言结构(语音、语法、词汇)是远远不够的,还必须掌握对方语言的语用规则,才能确保交际的顺利进行,否则会造成各种误会,甚至会使交际发生障碍,无法继续进行下去。

三、英汉语文化内涵的差异性

(一) 英汉动物词汇中的文化内涵

人类的语言中存在大量反映动物的词汇。这些动物词汇除了表示动物指代的意义本身外,还有丰富的联想意义和文化内涵。在中西方文化中,有些动物词汇的联想意义是一样的,如鸽子(dove)代表"和平",天鹅(swan)是"高贵"和"圣洁"的象征,蜜蜂(bee)让人想到"勤劳、忙碌"(as busy as a bee)。汉语中有蠢驴,英语中有 as stupid as an ass;狐狸(fox)在中国人看来是最狡猾的动物,英语里也有 as sly as a fox 的说法。

然而,有许多动物词汇的文化内涵却不尽相同。有些动物词的相关文化内涵只存在英或汉一种语言中,而有些动物词的文化内涵在英汉两种语言中完全不同,试比较下面英汉语中若干动物的名称。

乌龟(turtle):在汉语文化中,乌龟有两种象征意义。一方面乌龟是长寿的象征,有千年乌龟的说法。另一象征具有贬义,用来形容有外遇的丈夫。也被用来形容胆小者,如"缩头乌龟"。而在西方文化,turtle 并无汉语所指的联想。

狗(dog):英汉两种语言中都有许多含"狗"的词语,但是它们反映出来的意义却大不相同。狗对于英美国家的人来说,既可用来看门或打猎,也可被视作伴侣和知己,被誉为人之良友(man's best friend),人们喜欢狗的忠实、勇敢、聪明和可靠。因此在英语中,dog 这个词常用来比喻人的生活和行为,且不含贬义。例如:

a lucky dog(幸运儿)

top dog(重要的人,处于支配地位的人)

dog-tired(非常疲惫)

to dog one's steps(跟某人走)

as faithful as a dog(非常忠诚)

Love me, love my dog.(爱屋及乌)

an old dog(上了岁数的老人)

Every dog has its day.(人人都有出头日。)

中国人虽然也有养狗的习惯,但中国传统文化对狗大多是一种厌恶、鄙

视的心理。所以,在汉语中与狗有关的词语大都含有贬义,常用来形容和比喻坏人坏事。例如:

狗胆包天　　　　　　　狗急跳墙
狗仗人势　　　　　　　狗嘴里吐不出象牙
狗咬吕洞宾　　　　　　狗头军师
狼心狗肺

猫头鹰(owl):在英语中,owl 表示一种智慧的鸟,是聪明的象征,如果说某人 as wise as an owl,意思就是他很聪明,没有任何坏的含义。但是在汉语中,猫头鹰被认为是一种不祥之鸟,这与前兆迷信有关。因为猫头鹰在夜间活动,鸣声凄厉,人们把它的叫声跟死人相联系,谁要是在树林里听到猫头鹰的叫声,就预示着家里可能有人会死,因此,它表达的是一种厄运的征兆。

龙(dragon):龙在中国历史上是一个图腾形象。在封建时代,则是皇帝的象征。因此,衍生了许多词汇,如龙颜、龙袍、龙床等。中国人素以"龙的传人"自称,在我国几千年的历史中,龙有至高无上的地位。在汉语中,几乎所有与"龙"相关的词汇都是褒义的,如:龙腾虎跃、望子成龙、龙凤吉祥、生龙活虎、龙飞凤舞等。

然而,西方神话中的 dragon 指一种长着翅膀,嘴巴会喷火的怪兽,是邪恶的象征,这与中国的龙的形象很不一样。如果说 He is a bit of dragon here,意思是他很凶猛,令人讨厌。实际上,严格地说,龙和 dragon 所指的并不是同一种动物,有人用 Chinese dragon 来区分中国的龙和西方的 dragon。

孔雀(peacock):在汉语文化中孔雀是吉祥物,孔雀开屏被看作是大吉大利。而在英语中,peacock 的内涵意义常常是贬义,含有骄傲、炫耀、洋洋得意的意思。Collins COBUILD English Language Dictionary 是这样解释的:If you describe someone,especially a man,as a peacock,you mean that they are rather proud of themselves and like wearing attractive clothes and looking good;used showing disapproval(假如你说某人——特别是一个男人——是一个 peacock,你的意思是他很骄傲,喜欢穿漂亮衣服,打扮入时;具有贬义)。英语中也有 proud as a peacock 这一成语,意思是"非常骄傲"。

在英汉文化中,不同的动物词有可能具有相似的文化内涵,如下所示:

	汉语	英语
形容某人强壮	强壮如牛	as strong as a horse
说大话	吹牛	talk horse
心急	热锅上的蚂蚁	like a cat on a hot bricks
顽固	犟得像头牛	as stubborn as a mule

(二) 英汉颜色词中的文化内涵

色彩与人类的生活息息相关。作为语言组成部分的颜色词也是与文化紧密联系的,它不仅有物理属性,还有丰富的文化内涵。对于不同民族的人而言,同一颜色词在视觉和心理上所引发的联想和象征意义也不尽相同。

红色(red):在中国,红色代表的是吉祥和喜庆,如红包、红运、红榜等,春节要贴红福字和红色的春联,结婚被称为红喜事,新娘要穿红衣服;红色也代表成功和发迹,如红运、走红、红极一时、一炮走红、红人、红得发紫、红楼;红色还象征美丽,如红妆、红装、红袖、红颜等。在近代中国,红色又用来象征革命,如红旗、红军、红心、红色娘子军等。

在英语中,red 不具有汉语中"红"所包含的那些文化内涵。它具有褒义,如 red-letter day(纪念日,大喜的日子,),但更多的时候具有贬义色彩,如代表着暴力和流血(a red battle 血战),放荡与淫秽(a red light district 花街柳巷、红灯区,Is she really so red as she is painted? 她真如所描绘的那样放荡?)。其他例子如 red tape(繁文缛节,官僚作风),red revenge(血腥复仇),go into red(出现赤字或发生亏损)等。

黄色(yellow):黄色在英语和汉语中的引申意义差别较大。在中国文化中,黄色象征皇权(黄袍、黄榜、黄马褂),象征神灵(黄历、黄道吉日、黄泉)。英语的黄色一般带有不好的内涵意义和消极意义。例如 yellow journalism 指不负责任地肆意夸张、渲染的新闻报道,yellow press 指品味低俗的出版物。在西方文化中,黄色还象征卑鄙、胆怯,如卑鄙的人 a yellow dog,胆怯 yellow streak。

绿色(green):在西方文化中,绿色是草和树木茂盛的颜色,它不仅象征着青春、活力,如:in the green(血气方刚),a green old age(老当益壮),而且表示新鲜,如 keep the memory green(永远不忘)。英语中 green 还含有幼稚和没经验的意义,如 green hand 新手;as green as grass 幼稚的、易受骗的;a green wound 新伤口;a boy green to his job 工作无经验的小伙子。还可以表示"嫉妒、眼红",如 green with envy(十分妒忌)。

在汉语中,绿色象征生机勃勃,充满青春活力,还含有积极向上的褒义。如"绿女红男"指充满青春活力的青年男女;"桃红柳绿"形容绚丽多彩的春天景象;"绿林好汉"指聚集山林,劫富济贫的人。但绿色也含有贬义,象征低贱,如因妻子有外遇而使丈夫脸上无光,低人一等,叫给丈夫戴"绿帽子"。曾经有个美国人来到中国,走在街上发现周围的人都盯着他的头看,而且都在窃窃地笑,他百思不得其解,后来见到一个中国朋友,才知道是因为他的头上戴着一顶绿色的帽子。"青楼"指妓院,这些内涵意义是汉语中独有的。

有些颜色词在中西方文化中的内涵意义是相似的,如黑色(black)在汉语和英语中都有不吉利,非法或阴险的意思。汉语中的黑市(非法经营的市场),黑钱(以违法手段获得的不义之财),对应英文中的 black market,black money。其他词语如黑道,黑心,黑锅,blackmail(勒索),black guard(流氓),black mark(污点)等。英美国家在葬礼上要穿黑色西装,中国人在葬礼上要戴黑纱表示哀悼。

 技能训练

1. 小组讨论以下动物和植物在英语和汉语中的不同含义

(1) bull 牛,phoenix 凤凰,bat 蝙蝠,chicken 鸡

(2) pine(松),peach(桃),bamboo(竹),plum(梅),chrysanthemum(菊),orchid(兰)

2. 请分析以下案例

年轻的美国人 Brian 去医院看望中国同事 Jessie,碰巧 Jessie 的父母也在场,Brian 跟他们打过招呼后,就用他刚学会的中文问 Jessie 的爸爸:"你叫什么名字?"Jessie 的爸爸略显尴尬,不过还是把名字告诉了他。后来,Brian 跟 Jessie 爸爸说话的时候都是用名字称呼他。Jessie 提醒他,在中国称呼长辈应该用叔叔,所以他应该叫她的爸爸叔叔,Brian 听后,很是惊讶,说:"But he is not my uncle!"

思考题:中国与美国在称呼方面有什么不同?为什么 Brian 对 Jessie 的爸爸直呼其名?

 单元小结

语言反映一个民族的文化,同时又深受文化的影响。语言是人类最重要的交际工具。在语言的语音、词汇和语义层面上,都存在着巨大的文化差异,了解这些差异有助于人们更好地进行跨文化交际。同时,在语言的使用上,不同的文化也有许多不同的规则。在问候方式、告别方式、宴客、不同话题等方面,只有掌握了这些规则,才能顺利地达到交际的目的。

 拓展阅读

Culture and Language

1. The role of language in communication

According to Sapir (1921), "language is a purely human and noninstinctive method of communicating ideas, emotions and desire by means of voluntarily produced symbols." Language is a part of culture and a part of human behavior.

It is often held that the function of language is to express thought and to communicate information. Language also fulfills many other tasks such as greeting people, conducting religious service, etc.

Krech(1962) explained the major functions of language from the following three aspects:

1) Language is the primary vehicle of communication;

2) Language reflects both the personality of the individual and the culture of his history. In turn, it helps shape both personality and culture;

3) Language makes possible the growth and transmission of culture, the continuity of societies, and the effective functioning and control of social group.

It is obvious that language plays a paramount role in developing, elaborating and transmitting culture and language, enabling us to store meanings and experience to facilitate communication. The function of language is so important in communication that it is even exaggerated by some scholars. The most famous one is the hypothesis of linguistic determinism concerning the relationship between language and culture, which Nida regards as misconceptions constituting serious difficulties for cross-cultural understanding.

2. Interrelationship between culture and language

Each culture has its own peculiarities and throws special influence on the language system. For example, referring to the same common domestic animal, English chooses the word "dog", while Chinese has its own character "狗"; Chinese has the phrase "走狗" while English has the expression "running dog", but the meanings attributed to the two expressions are completely different according to Chinese culture and Western culture respectively. To Westerners, "running dog" has a positive meaning since the word "dog", in most cases, is associated with an image of an animal pet—the favorite friend, thus they have the phrases "lucky dog"(幸运儿), "top dog"(胜利者), "old dog"(老手), "gay dog"(快乐的人), and it is usually used to describe everyday life and behavior, as in "Love me, love my dog" (爱屋及乌), "Every dog has its day"(凡人皆有得意日). But in Chinese "走狗" refers to a lackey, an obsequious person. Since Chinese associates derogatory meaning to the character "狗" depending on the cultural difference, Chinese has such expressions as "狗东西","狗腿子","狗仗人势","狗胆包天","狗嘴里吐不出象牙","狼心狗肺","痛打落水狗","狗急跳墙"etc.

We can obviously see that the meaning attributed to language is cultural-specific. A great deal of cross-cultural misunderstanding occurs when the "meanings" of words in two languages are assumed to be the same, but actually reflect different cultural patterns. Some are humorous as when a Turkish visitor to the U.S. refused to eat a hot dog because it was against his beliefs to eat dog meat. Some are much more serious as when a French couple on a trip to China took their pet poodle into a restaurant and requested some dog food. The dog was cooked and returned to their table on a platter!

We can summarize the relationship between culture and language as the following: language is a key component of culture. It is the primary medium for transmitting much of culture. Without language, culture would not be possible. Children learning their native language are learning their own culture; learning a second language also involves learning a second culture to varying degrees. On the other hand, language is influenced and shaped by culture. It reflects culture. Cultural differences are the most serious areas causing misunderstanding, unpleasantness and even conflict in cross-cultural communication.

http://www.gdufs.edu.cn/jwc/bestcourse/kecheng/38/whjiaoan/files/intro.htm

参 考 文 献

靳娟:《跨文化商务沟通》,北京:首都经济贸易大学出版社,2010年。

樊葳葳、陈俊森、钟华:《外国文化与跨文化交际》,武汉:华中科技出版社,2008年。

窦卫霖:《跨文化商务交际》,北京:高等教育出版社,2006年。

常敬宇:《汉语词汇与文化》,北京:北京大学出版社,1995年。

胡文仲:《跨文化交际学概论》,北京:外语教学与研究出版社,2003年。

吴为善、严慧仙:《跨文化交际概论》,北京:商务印书馆,2010年。

陈冬梅:《英汉颜色词的文化涵义及翻译方法》,US-China Foreign Language,2007年第2期。

王维波、车丽娟:《跨文化商务交际》,北京:外语教学与研究出版社,2009年。

第三单元
非言语行为与跨文化交际

Our attitude towards others determines others' attitude towards us.

在跨文化交流中,除了使用语言作为交际工具外,人们还会使用肢体动作、身体接触、面部表情、眉目传情、声音暗示、穿着打扮等非言语行为(non-verbal behavior)等来表达思想、感情、态度和意愿,传送各种信息,如:鼓掌表示兴奋,顿足代表生气,搓手表示焦虑,垂头代表沮丧,摊手表示无奈,捶胸代表痛苦等。话语的影响力受交际者说话方式的影响。在讲话的时候,非言语交际是一个至关重要的因素,你可以在适当的场合使用适当的面部表情和身体运动来表达你无法用言语表达的东西,以达到预期的交际效果。

> **知识要点**
> 1. 非言语交际的定义、分类、特征以及功能
> 2. 非言语行为交际
>
> **能力目标**
> 1. 深入了解非言语行为的特点、功能以及文化差异
> 2. 将非言语行为熟练运用到跨文化交际中,顺畅完成交流任务

美国人 David 效力的美国公司计划在泰国曼谷开设办事处。作为东南亚地区的主管,他的职责之一就是帮助当地公司招募本土职员。在泰国人力资源顾问的帮助下,他们在报纸上刊登招聘广告,筛选了 10 名年轻的泰国人前来面试。面试中,男性应聘者进行得非常顺利,但女性没人应聘。于是,David 向泰国人力资源顾问请教问题所在。人力资源顾问想了一会,然后,温和地传达了这样的信息:David 说话声音太大,还使用了过多的面部表情和手势,许多泰国妇女视之为生气。顾问的这番解释让 David 感到惊讶,这就是非言语行为表达不恰当的典型个案。David 曾在意大利待了八年,具有丰富的面部表情表达方式。但现在,在泰国这样一个相对保守的文化氛围中,丰富的拉丁式交流方式却引起了泰国女子的误会。此后,David 与泰国女子打交道时,努力调整语调语速,保持平淡和微笑的面部表情,双手静静地放着。果然奏效,终于招聘了几位年轻聪明的泰国女职员。后来,她们都成为了公司值得信赖的员工。可见,在某种文化中是礼貌而适当的行为,在其他的文化中则可能是粗鲁而有威胁性的。

(摘自 www.aliqq.com.cn/online/financial/cj_16/3104.html:《世界商业文化差异》,[丹麦]理查德·R.盖斯特兰德,有改动。发布时间:2005 年 3 月;摘录时间:2011 年 8 月)

一、非言语交际行为

(一)非言语交际的定义

非言语符号是指不以人工创制的自然语言为语言符号,而是以其他视

觉、听觉等符号为信息载体的符号系统。一切不使用语言进行的交际活动统称之为非言语交际,包括眼神、手势、身势、微笑、面部表情、服装打扮、沉默、身体接触、接触距离、讲话音量等等。非言语交际行为通常与多组其他非语言的或言语的行为共同作用,产生交际意义。非言语行为作为情感的载体,具有双重性。一方面,具有稳定性,是一种精密代码;另一方面,又具有可变性,因为文化背景的不同可能产生差异。

在跨文化交际过程中,由于不同文化对非言语行为的不同释意,往往会使交流双方产生误解。非言语交际以往多被视为体态语的代名词,其实它的范围远远超过了单纯的体态语。从人的身体特征到穿戴的服饰,从声音的高低到房间的摆设、光线、色彩,从时间观念到空间观念,都是非语言交际的因素。非语言行为的差异既表现在不同的人之间,又表现在同一个人的不同年龄、不同场合中。其原因在于文化背景、个性特征、心理发展阶段和具体情景的不同。

姿势、面部表情、手势、目光接触——这些都影响着听众对演讲者的反应。我们如何运用这些和其他一些身体动作来进行交流,是一个叫作"身势学"的令人感兴趣的研究领域所要研究的课题。希腊历史学家希罗多德在两千四百多年前说:"人们信任自己的眼睛甚于自己的耳朵。"当一个说话者的体势语言与他或她说的话不一致时,听者倾向于相信体势语言,而不是说出来的话。

假设一:设想你在参加一个晚会。晚会期间你对周围的人有了种种印象。A 看上去悠然自得,B 详情平和,C 急躁嚣张,D 落落大方,E 闪烁其词。

问题:你是怎样得出这些结论的?

结论:得出这些结论并不是基于人们说了些什么话,而是由于他们以非言语方式,即通过他们的姿势、手势和面部表情所表达出来的东西。

假设二,如果你坐在 E 旁边,他说,这个晚会太棒了。非常高兴今晚能和你在一起。然而,他的身体却微微挪到一边,并不断地看屋子对面的某个人。

问题:你是否认为 E 很开心和你在一起?

结论:不管他嘴上如何说,从 E 的非言语交际体态中可知 E 并不开心。

同言语交际一样,要使非言语行为产生最好的效果,那么,对它的理解和应用就必须精确。交际中非言语因素占据着非常重要的位置,正确处理非言语交际中的文化冲突,是成功地进行跨文化交际的关键。

(二)非言语交际行为的分类

非言语交流行为,因传递信息者与接收信息者的着眼点有别,采用不同的手段,有不同的分类方法。我们简单介绍三种分类。

1. 主客观手段

传递信息者利用自身器官和其他器具,向他人传递信息,分别采用主观手段和客观手段进行交流。

主观手段:是传递信息者用自身器官或部位的动作,即利用体态语来表达其意图传递的信息,表达其思想感情。包括面部表情和身体动作。当你认真倾听别人说话时,你会用眼睛看着对方,并表示认同或不认同。不同民族的人们有许多不同的身体动作,表达不同的思想感情。用笑表示欢喜、高兴和快乐,用哭来反映悲哀、难过和伤心,这是具有普遍性的面部表情。世界上绝大多数人用点头表示肯定、同意和赞许,用摇头表示否定、反对或不同意。但是也有一些民族的人们,摇头称"是",点头称"否"。中国封建社会大臣对皇帝、百姓对官吏、晚辈对长辈下跪表示恭顺和敬意。而西方人们只在祈祷时对上帝表示虔诚。非洲黑人喜欢扭屁股,对客人表示欢迎。想象中国人如果对客人扭屁股,会被人们当成不严肃、不成体统。中国人传统上是用拱手作揖的方式表示致敬与欢迎。主观手段的特点是非正式的、随意的和具有个性的。

客观手段:是传递信息者借助器具、工具和物品等客观物体产生的印象和效果来传递信息,表达其思想感情。在中国古时的战场上,士兵用击鼓方式鼓舞士气,西方亦如此。而当今世界,放礼炮则是对来访国家元首或政府首脑表示隆重欢迎和亲切致意的礼节。21响和19响分别代表着不同级别的礼仪规格。在社会生活中,红灯停,绿灯行已成为国际普遍公认的交通讯号。而裁判出黄牌是警告犯规。客观性手段大部分是正式的、非个性的和规定性的,因而在道德上或法律上是有制约性的。

2. 肢体手段(肢体语言)

从信息接受者的角度来看,人们必须利用身体器官去捕捉和感受对方利用主观或客观手段传递的信息。人有视觉、听觉、嗅觉、味觉和触觉五种感觉,人们经常用视觉、听觉和触觉进行交流。换言之,人们经常用身体进行各种交流,包括各种手势,还包括身体各部分的微小举动。

上述这类非言语行为既可与言语同时使用,又可单独使用。在交流、理解过程中,尤其在传递情绪、信息的过程中具有特别重要的意义。一个信任的目光,一个赞赏的微笑,一个肯定的点头都会给人带来巨大的精神力量。为有效地进行跨文化交流,既可用点头、也可用摇头来表示态度。前者表示肯定,后者表示否定。我们的体态动作总是有意无意地泄露我们内心的秘密和蕴藏的信息。

3. 副语言手段(辅助语言)

副语言手段是人们利用身体动作发出声音,传递信息。鼓掌、拍手,是最常见的不用发音器官、而用身体其他部位发出非语言性声音的动作。在中国,观众和听众对演员拍掌喝倒彩,是一种独特的表示不满的方式。

由于人们发出声音的音量和传播范围有限,人们经常用副语言手段,包括声音的音调、音量、节奏、变音转调、停顿、沉默等,具有交流感情、表达隐藏语义的非语言特点。比如:"你真坏!"可以接受为"真坏",也可以被理解为"假坏"。说话者利用不同的声调,使同一句话的语义迥然相异,表达强烈的弦外之音。副语言手段在人际交流中,说明了人们怎么说事实上比说些什么更为重要。语调的不同不仅仅为其基本意思增加感情色彩,还有可能表达相反的意思,起到"正话反说"或"反话正说"的作用。比如说"你可真行"这句话,可以在表面赞扬之中带着尖刻的嘲讽。而说"我恨你"这句话,在音调、眉眼、躯体动作的配合下,可以说得咬牙切齿,也可以用娇嗔的语调表达亲昵的感情。副语言还起到安慰的作用,比如吹口哨就可以让人放松,平静下来;自言自语也可让人从当前的压力中释放出来。

音高方面,可由说悄悄话的小声耳语逐步上升到尖声高叫。柔和的嗓音适合人际交往、小组讨论、说服安慰、电话交谈、工作面试等交际场合;也可用于表达不满和怨恨。在争吵、叫喊、表达愤怒的时候,音量会加大;在军队里,指挥官为了显示权威,命令部下服从时,会提高音量。

语速也可以表达情绪:激动时语速加快;伤心时语速变慢。讲故事时,可使用超慢的语速,来制造悬念。

(三) 非言语交际的特征

在交际中,脱离非言语行为的配合而只运用孤立的语言行为,往往难以达到有效的交际目的。非言语行为只能在一定的语境中才能表达明确的含义。更重要的是,一种非语言行为只有与语言行为或其他的,才能提供明确的信息。非言语交际具有以下特征。

1. 连贯性

当人们使用话语交际时,其所使用的句子中各个词汇通常有自己特定的位置,各自独立,相互分离,因此,语言符号又常被认为是数位符号。言语交际中,人们也常使用特定的非语言符号进行交际,以达到成功交际的目的。

非语言符号可以是世界通用的,也可以用来表达连贯的意义。非语言符号与实物之间的相似性可产生出举世通用的意义:向人作恫吓或威胁的姿态、向人表示乞求或可怜的行为、向人做出欢迎或喜爱的动作等。这些身体符号所传达的意义,不同国家的人都能做出相近的、共通的理解。

常被称为"连贯符号"的非语言符号没有很强的数位性,传播时常与语言符号或其他表达方式一并使用,也很少单独出现。人们在交际时所使用的语言符号是依据语法、逻辑的规则排列的。非言语交流是连续的,而言语交流则是基于非连续的单元。有研究表明:我们也许能停止有声的谈话,但不能停止发出信息。人们在停止说话时,非言语行为仍继续着——不断地用眼睛联系、与他人面对面或向他人倾斜、频频地点头或低头等。

2. 即时性与情境性

非言语表达与情境紧密相关,离开具体情境,任何"词汇"的运用都具有不确定性。在特定的情境下通过非言语手段表达模糊的,在另一情境下往往又是确切的,如嘟嘴、点头等。在不同情境下的点头,至少可以表示如下几种意义:同意、肯定、应允、满意顺从等;攥拳手势或一个用眼睛"瞪"的动作也可能包含多种意义。要确切地分辨、判断其符号的具体意义。不仅要综合身势情态的各种符号信息,还应充分考虑语境因素所起的作用。否则就可能会曲解,甚至误解某一种非言语符号。

非言语符号在使用过程中是相互关联、协同一致的。大部分非言语表达手段不是代替言语而是伴随着语言表达而同时出现的,是对语言表达信息量的重要补充。学生迟到时,教师为不影响讲课,用眼神或手势示意学生到座位上去。当为迷路者指示路径时,眼睛、表情、手臂的指向会协同伴随语言的表述。非言语表达可即时性地增强语言表达的说服力和感染力,从而给人留下深刻的印象。有了非言语因素,人类间的交流变得丰富多彩;但如果出现非言语与语言表达不一致时,就可能出现莫名其妙的怪动作,而影响交际的质量。

3. 动作性与真实性

语言符号总是经过交际者一定的思考方才输出,非言语符号往往未经思考就立即做出条件反射式的传播:当人们一看到美味佳肴,他们就忍不住要流口水;当我们突然听到一声巨响,就会立即大惊失色。对这些事物及时的动态反应,即所输出的非语言符号,是正常的、真实的反应。

我们在交际过程中诉诸听觉,使用非言语表达时就更多地诉诸具有形象生动、鲜明、真实特征的视觉。有实验表明:一个人识别同一种物体,用语言描述需2.8秒,而用眼睛观察只需要0.4秒。一个人通过眼睛获得的信息占83%,通过耳朵获得的信息11%,通过其他感官获得的信息占6%。非言语表达的动作性就具有了语言表达所没有的优势。换言之,非言语表达的动作性和真实性常在跨文化交际中起到优化效果的作用。

4. 表情性

除了表义性之外,非言语表达还有表情性,且比语言更突出这种特性。如果说话人讲话内容同目光和面部表情不一致时,聪明的听话人总能依据非语言符号做出正确的判断。甚至连孩子也会从父母严厉批评之后的一丝不易觉察的微笑中,将批评的分量降到适当程度。正如心理学家西格蒙德·弗罗依特所说"没有一个凡人能不泄露私情。即使他的嘴唇保持沉默,但他的指尖却会喋喋不休地泄露天机"。

我们可以控制面部表情,显得镇静自如,但不时拍打着地板的脚,却无意中流露出内心的紧张和焦虑。除非是训练有素,一般人很难用非语言符号进行欺骗。有研究表明:整个非口头交际系统更有助于揭示交际过程中参加者的交际意图。当语言与非言语表达相矛盾时,人们往往更相信非言语表达,因为它能更真实可信地反映一个人内心感情世界的奥妙变化。面部表情往往传播出情绪的性质,而身体暗示情绪的程度。

尽管丹奥康纳事先选择了一个很有趣的话题,做过仔细的研究,并非常认真地练习过,但他的第一次演讲并不很成功。其主要的原因是:他没有考虑到非言语交际的重要性。他演讲时惊恐的神色,好似死囚步履沉缓地走上讲台。他流利的演讲,却因他双手的不自然和低着的头,而没有达到预期的效果。然而,丹奥康纳的第二次演讲的结果完全两样。他接受了人们善意的指点,控制着双手,迈着大步,满怀自信地走上讲台。他还积极地与观众互动,感觉越是显得自信,就越变得自信。其实丹的第二次演讲、措辞等并不比第一次好,而是因为他的非言语讯号改变了一切。

非语言交际涉及多种符号,它们与其指称对象之间有某种相似性,因为它是把客观事物符号化,如:伸出食指勾动中指可以代表手枪;伸出双臂上下扇动可以代表飞鸟等等。然而,不同民族的非言语表达又有差异性,因为处于同一文化中的不同个人有其特定的生理、年龄、经历、气质、性格、性别、地位等特征。我们的身体姿势、面部表情、手势、目光接触等都影响着听众对我们说话人的反应。高度尊重交际双方非言语表达的个性,可以避免因理解和沟通的问题而导致交际中断或失败。

The following is a test of your knowledge and understanding of the *English-speaking culture*. Choose what you think is the appropriate answer.

1. What should the person do if he/she wants to close a conversation?
   a. Say nothing   b. Excuse me
2. Is it appropriate to hold hands or wrap arms around each other with friends of the same sex?
   a. Yes.   b. No.
3. Why do you choose "yes" for question 2?
   a. Because it is childish to do so.

b. Because it means friendship.

c. Because it could be a sign of homosexual in the west.

4. Why do you choose "no" for question 2?

a. Because it is childish to do so.

b. Because it means friendship.

c. Because it could be a sign of homosexual in the west.

5. What does a Westerner mean when he/she shrugs?

a. I will think about it.   b. Sorry, I can't help you.

6. Should a Westerner call and make appointment before visiting somebody?

a. Yes.   b. No.

案例导入

在某学校,一位中国女学生与一位西方男士在电梯不期而遇。西方男士不停地与中国学生搭讪。男士边说,边做手势,并不停地看着女生眼睛。中国女学生不好意思,躲闪着男士的目光。后来,女生把这段经历描述给家人。家人劝说,以后看见老外,能避开尽量避开,要保护好自己。

分析:西方人在交谈中讲究 eye contact,交谈的双方要注视对方的双眼,而中国人认为,那样"直勾勾地"盯着别人看不太礼貌。西方人士认为:说话的一方"两眼直视"表示自己的诚意和坦白的胸怀,听话的一方"两眼直视"表示自己尊重对方、对话题感兴趣。因此,西方人在见面时,配合着 eye contact 的,是自信的微笑(无论内心中怎么想)、有力的握手(礼节性的碰碰手,英语中称为"死鱼" shaking a dead fish)和正面思考型(positive thinking)的谈话,会使人产生和你继续交往的意愿。相反,如果是躲躲闪闪的目光(有的人更是因为在想英文词句,而抓耳挠腮、龇牙咧嘴或上翻白眼)、木然的表情(即:喜怒不行于色)和消极的谈话内容,无论你的语法、发音和句子多么纯正和优秀,也让别人"敬而远之"。

能力目标

一、非言语交际的功能

(一)一般功能

言语交际是线性的,它的信息传播是单通道的,而非言语交际信号是全方位的立体传输。它既可以补偿言语信号暂时性的停顿和间隙,又能够帮助人们表达内心深处思想、意愿的交际方式和意图。俗话说,"无声胜有声",这就是说非语言所显示的意义要比有声语言能表达的深刻得多,因为许多有声语言往往要把所要表达的意思大部分,甚至绝大部分隐藏起来。在人们的日常交往中,当出现词不达意之时,我们就须辅以非言语符号,来获得理想的效果。

非言语交际自身特点主要表现在两个方面:1)信息容量具有不确定性。信息容量的大小,在很大程度上依赖对方的感受。2)含义的模糊性和随意性。非言语交际不像言语表意那样比较明了固定,但作为非言语信息的接受者却能把这种模糊变得相对清晰。就言语交际而言,非言语行为对话语意思的表达具有重复、替代、补充、否定、强调和调节等辅助作用。

当我们为人指路时,说"在那边"的同时用手指示具体位置重复明确方向;在机场接待客户时说"欢迎",并握手重复表达友好情谊,等都是非言语的交际方式来重复或解释相关的语言信息;当某件事因特定环境阻碍不便用言语表述时,人们就会使用非言语符号代替语言符号传播信息。如:应邀出席聚餐时,你的一位好友正准备将你的一次尴尬经历告诉他人,你用脚踢了他一下,他会意后打住。

言语交际中,我们还可填补、增加、充实语言符号在传播信息时的某些不足,如说"对不起"时,配合语调、表情,补充表达真诚歉意。当我们言不由衷时,我们的言语行为与非言语行为通常会相互矛盾,如:假装的笑脸往往会否定高兴、愉快的言语;痛苦的表情又可能会被人"读"出幸灾乐祸的心境。当两者发生矛盾时,人们倾向于相信非言语符号承载的信息,而不相信语言符号。有意思的是,有时候人们实际上是不同意某事,却又必须表示同意时,他可以嘴里说是,同时却又不赞成地摇头。这种非言语信号暴露他的真情实感,说明点头或摇头可帮助说话人表达支持和否定的态度。人们还可以用非语言符号来协调人与人之间的言语交流状态。当我们面对面交谈时,我们往往通过语调的变化、目光的交流、点头或微笑等非言语行为来实现顺畅的话轮转接。如把一个手指靠近嘴唇,意思是"别说了"或"小声讲";把耳朵对准讲话人的嘴巴,意思是"大声些""我在细听";或在演讲中,对某些词句故意提高音量或者拖长。这些非言语的行为都是交际者为了实现特定交际意图的必要手段。

(二)社会功能

英国非语言行为学者 M. Argyle 在《人类社会互动的非语言沟通》中曾指出:非语言行为沟通的社会功能涉及三方面:1)处理、操纵直接的社会情境;2)辅助语言沟通;3)代替语言沟通。

如上文所述,人们使用非言语行为是交际者为达到目的而使用的手段。这些手段至少具备两种社会功能:1)加强一种思想或观点;2)帮助描绘某些事情。这两种功能一定是帮助交际者在适宜的环境下,协调交际的内容,并使之为交际的目的服务。换言之,你使用的体态动作应与讲话内容相宜,并与受众的期望相符;在表达意思时,要使语言与动作合拍一致,身体的各部位有机协调。一个人的体态动作往往反映着这个人对他人所持的态度,许多实验都证实:你如果与一个你不喜欢的人相处,人们要么就过于随便,"如入无人之境";要么就过于拘谨,显得手足无措。具体表现往往以那人对你是否有心理压力而定。

在《依从和社会行为的本质》一文中,作者曾分析了医务人员会议上不同的坐姿:医生往往采取的是舒适而随便的坐态,但护士、实习医生和社会工作者的坐态却要规矩得多。一般说来,人们对地位低于自己的人较为随便,对地位和自己相同的人次之,而对于那些地位高于自己的人则更为拘谨。人们在日常交往中,他们身体放松的程度反映交际者双方的社会背景、学识水平乃至一般的社会状况。

以手势语为例,它在非语言交际中起着十分重要的作用。许多人类学的材料都证实手势语在原始部落中曾广泛使用过,并确实起过沟通的作用。在现代社会中,手势在社交场合仍然是有效的沟通工具。当来自不同国家并属于不同民族,且语言相异的两个人交流时,他们往往借助手势表达自己的意思。我们还发现,在现实生活中,手势语有时可代替说话,如聋哑人;可用来强调某一件事情或某个问题;还可帮助说话者缓解紧张情绪,等等。简言之,手势语象征着说话者的情绪状态,交际者可借助手势与他人更好地进行交际。

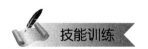

非语言信息观察能力训练

1. 观看一个电视采访节目,或电视辩论、谈话节目(如:"开门大吉""对话""艺术人生""记者招待会"等等),体会倾听技巧和非语言信息的重要性。

(1)面部表情——观察人们的眼睛、眉毛和嘴;

(2)胳膊和手的姿势;

(3)脚、身体的平衡和姿势;

(4)呼吸;

(5)你通过什么能看出主持人在主动倾听?

（6）人们使用了哪些非语言信息？

2. 请站在一个空房间的中央，让一个人慢慢走近你。当他和你的距离近到使你感觉不舒服的时候，就让他停下来。再让那个人或远或近地移动调整一下，直到一个你觉得舒服的距离。这就是你的个人缓冲区。

（1）如果是不同的人慢慢走向你，这个缓冲区会有所不同吗？解释一下。

（2）把你的结果和做过该练习的其他人做一下比较，是否有所不同？你认为是什么原因造成了这些不同？

（3）测试别人的缓冲区。比如，当你排队的时候，或在电梯里和公交车上站得离别人太近，别人会有什么反应呢？（请谨慎进行测试，最好找你的同性作为测试对象。）

3. 非语言沟通的角色扮演练习。大家分成小组，进行角色扮演，其间只能使用身体语言而不能说话。选择一个情景和一些角色，由组员们即兴创作其他内容，表演不要超出情景。

观众们根据日常的非语言信息的经验来猜测或推测表演的内容。

二、非言语行为的文化差异

（一）肢体语言的文化差异

1. 身势或体态的使用

身势语或体态语是一个民族文化的组成部分，在跨文化交际日益频繁的当今世界，了解其他国家的无声语言有助于避免无必要的误解和尴尬。由于地域、种族、文化习俗的差异，不同文化的身势语之间存在许多差异。它们因受文化制约而拥有独特的文化内涵，因此，了解不同文化的身势语有助于跨文化交际的成功进行。

美国人在非正式的、友好随意的氛围中，常常会整个人躺在椅子里，双脚放在桌子上，或坐在地毯上。在美国文化中这无伤大雅，甚至总统在白宫里也通过这样的坐姿来放松自己。但同样的坐姿在不同的国家却会引发严重的矛盾：有位美国教授在开罗上课时，双脚跷到桌子上，引发了学生示威。阿拉伯文化认为，脚底是身体最低的部分，用来指向他人，具有轻蔑之意。泰国文化里也有相同看法。

肢体语影响人们的言语行为。在南欧、中东、拉丁美洲地区，绝大多数人讲话时动作较多，动作幅度较大；有人戏称如果意大利人上肢做截肢手术，就会讲不出话来。然而，北欧人、英美人讲话时动作较少；在中国、日本、朝鲜等受儒家思想影响较深的国家里，人们进行交际时，身体的运动幅度更小。

在大多数文化体系中,点头表示肯定,摇头表示否定。而在斯里兰卡,表达肯定就微微摇头,表示否定就快速摇头,表示非常明白才点头。还有个别国家和地区的人们,他们点头表示否定,摇头才表示肯定。

2. 手势的使用

手势是有声语言的延伸,具有极强的表情达意的功能,表达的信息丰富多彩。在不同的文化中,相同的手势可能传递不同的信息,不同的手势却可能表达相同的意义。

如果用手势来指示某人或某物:美国人用无名指;德国人却用小指;日本人却用整只手,而且掌心朝上;而在亚洲许多国家(包括中国),用无名指来指人,则是无礼行为。

如果用手招呼某人过来:美国人会掌心向上,手指指向自己;中国人掌心向下地挥手;缅甸人掌心向下,手指像弹钢琴一样地移动;菲律宾人则是迅速地向下点头。在德国和北欧地区,人们则把头向后仰;阿拉伯人就会伸出右手,掌心朝下,手掌一张一合。

美国人用手指着太阳穴表示用手枪自杀,反映的是美国私人拥有枪支不足为奇的社会文化背景。日本人则用手戳向自己肚子表示剖腹自杀,反映了日本传统文化中的武士道精神。

在人们用手势表示数字时,各国人也表现出不同的特征。中国伸出食指表示"1",欧美人则伸出大拇指表示"1";中国人伸出食指和中指表示"2",欧美人伸出大拇指和食指表示"2",并依次伸出中指、无名指和小拇指表示"3""4""5"。中国人还用一只手的5个指头来表示6~10的数字,而欧美人要表示6~10时,则需用两只手,如展开一只手的五指,再加另一只手的拇指为"6",以此类推。

更有趣的是,同一手势在不同文化中常用来表示不相同的意义。跨文化交际中的误会常因此而起。下面介绍的几种手势,在不同的国家及其文化领域均存在很多差异。

"OK"手势:在美国,表示"赞扬和允诺";在印度,表示"正确";在日本、缅甸、韩国,表示"金钱";在泰国,表示"没问题";在法国,表示"微不足道"或"一钱不值";在斯里兰卡,佛教徒使用OK,则表示希望对方"多多保重";在巴西、希腊和意大利的撒丁岛,使用OK的手势则是一种令人厌恶的污秽行为;在马耳他,则是一句无声而恶毒的骂人语;在阿拉伯人当中这种动作常常伴随以咬紧牙关,一起来表示深恶痛绝。

翘直大拇指:中国人用大拇表示赞赏;日本人则用其表示"老爷子";在英、美两国,翘起大拇指是拦路要求搭车等。

伸出食指指节前屈:在中国表示数字"9";日本人却用此手势表示

"偷窃"。

翘起小指：中国人表示蔑视；日本人用小指表示"情人"。

将右手握成拳头：中国人表示数字"10"或者"加油"；在英美等国则表示"祝好运"，或示意与某人的关系密切。

上下挥动手臂：在美国，表示再见或告别；在南美，人们见到这样的动作时不会离去，而向你直奔而来。

用手指在太阳穴旁边转圈：中国人表示动脑筋；美国人和巴西人则表示发疯。

把手指放在喉咙上：在俄罗斯，人们用此动作表示吃饱了；日本人则用此表示"被炒了鱿鱼"。

将手架在脖子上：这一行为在新几内亚表示自杀；在中国表示被人砍头，是古代刑法取去"首级"的遗风。

即使在同一民族中，由于地区习俗的不同，同一手势也可能会具有不同的意义。食指和中指轻扣桌面：在中国南方表示感谢，而在北方则表示不耐烦。

有些手势具有特定的文化所指：美国人伸出拇指——希望搭车 thumb a ride；英美人把中指放在食指上——希望事情能办成功 Let's keep our fingers crossed；伸出食指和中指作 V 形——表示胜利；两手摊开耸耸肩膀——表示"我不知道""没有办法"；把手兜起来放在耳后——表示听不见或听不清；把手伸出来微微展开手指——表示等一等，别着急。

3. 面部表情的使用

人的面部表情是最为常用、也最为有效的沟通方式，甚至许多灵长类动物也往往能通过面部表情来交流自己的情绪。面部表情是人们内在态度的指示器，人的面部肌肉放松，露出愉悦的神情，可让对方感觉亲切，乐于接近；反之，则让人望而生畏，敬而远之。人们都会叫喊、哭泣和微笑，但何时、何地、如何发出这些动作却受各自的文化背景的制约，这些文化习惯是在人们的成长过程中由父母灌输，或通过社会交往而习得而来。大多数的面部表情具有文化的普遍性和非习得性。

在中国，父母教育男孩要"好男儿不流泪"；在日本，父母则要孩子们在公众场合表现坚强；在美国，父母也教育男孩要控制自己的情绪。一般说来，男性的面部表情偏向内敛，女性则表现为外露。在不同的文化群体中，人们常用约定成俗的规范引导人们如何、何时、向谁表现面部表情。在地中海文化中，人们悲伤忧郁的表情非常夸张。这些地区的男人们在公众场合也会放声大哭，而美国男性则会抑制自己的情绪。日本男人甚至要以笑来掩饰自己的愤怒、伤心和失望。中国人甚少流露真情，因为他们认为保全面子才是最重要的。

东西方的面部表情存在较大的差异性。西方人面部表情丰富,亚洲人则喜怒少形于色。微笑的次数、产生微笑的刺激物以及微笑传递的社交意义都因文化而异。美国人的微笑表示快乐、友好、高兴、情绪高昂,他们笑是因为他们认为某件事很滑稽;日本人的微笑有同样含义,然而当问及他们的看法时,却笑而不答,日本妇女常常会因为慌乱或尴尬而微笑;在韩国,笑得太多被认为是肤浅的表现;泰国人却不以为然,他们笑口常开,故泰国有"微笑的国度"的美誉。

许多英语国家的人们对中国人的含蓄不解,对中国人的面部表情和微笑更是难以捉摸,他们甚至将中国人的微笑称为 inscrutable smile(不可捉摸的微笑)。有一位在中国留学的美国学生很不高兴地向中国老师诉说她的不愉快遭遇,可这位老师一直微笑地听着,看不出感情的共鸣。学生很不高兴,禁不住问道:"你为什么发笑?这不是什么可笑的事情",老师听后大笑起来:"哈哈,你误会了……"。美国学生无法理解中国老师这种表情就是和蔼倾听的态度和亲切安慰的表示。如果美国老师遇到这种情形,他们会用明显带有感情共鸣的表情做出及时反应。英语国家的人们认为,过于含蓄的中国人,他们的喜怒哀乐常常不形于色,即使家庭遭遇不幸也要笑脸迎人,这是很多外国人无法理解的事情。英语国家的人们,特别是美国人,面部表情较为丰富,手势动作多,他们注重面部表情与交谈对象的感情呼应;更注重与自己谈话内容的配合,以及与交际对方之间的默契。

4. 眼神的使用

在作为一种非语言交际的方式,眼神的用途最广,在社会沟通中是极为重要的手段。它不仅可以帮助交际者传递信息,增强其语言表达的魅力,而且可以帮助表达喜怒哀乐等情感,表示赞许、反对、劝勉、制止、命令等意向。有研究表明:仅眉毛的不同姿态就有四十多种,眼皮的闭合和姿态也有二三十种之多。人的眼球转动,配合上几十种的眼皮闭合和眉毛动作,再配合上眼睛周围的肌肉动作和前额皱纹的排列组合,人们所使用的丰富眉目语充分展现了非语言交流在人际交往中不可替代的作用。

在中国和日本等东方国家,交际者双方总盯着对方看是十分不礼貌的行为,如果是下级在听上级讲话时,眼睛向下看才是表示尊敬的行为。中国人对紧盯着自己看的目光感到不自在,甚至惶恐不安,原因是"羞耻感"文化的影响,即应该"非礼勿视"。日本人交谈时的目光一般落在对方的颈部,而对方的脸部和双眼要在自己眼帘的外缘,他们认为长时间注视对方就会充满挑衅、缺乏尊重,是一种无礼的行为。

在阿拉伯,人们也喜欢长时间直视对方,以显示自己对对方的好感并对他人的诚意进行评估。阿拉伯人在一起交流时会用非常热情的目光凝视对方,他们认为双目是个人存在的关键。从美国文化角度来看,这种两个同性之间的炽热的目光,常常是同性恋文化群使用的非语言代码的一部分。英国绅士认为,直接凝视与之交流对方的眼睛是一种风度;而瑞典人在交谈中用目光相互打量的次数多于英国人。法国人则特别欣赏一种鉴赏式的注视,他们觉得用这种眼光看人可以传达一种非语言信号,即我虽然不认识你,但我从心底欣赏你的美。所以,法国男子在公共场合对女士的凝视是人们公认的一种文化准则。在拉美地区和加勒比海地区为了表示尊重,人们则不会直视对方的双眼,尽量避开交际对方的目光。目光接触的社会意义可能会因以下因素而改变:凝视时间的长短、凝视的强度以及凝视时间的选择。还有研究表明:女性看对方眼睛的次数比较多;面对自己喜欢的人,双方目光接触会更频繁;见到陌生人通常都是目光接触后立即移开;见到奇装异服者或漂亮女孩,迅速看一眼后便移开目光,用以掩饰内心想法。此类有趣的现象在各国都可能有,只是程度不同而已。

(二) 时间语的文化差异

在一元时间文化(monochronic time culture)中(北美,北欧,西欧),人们为避免浪费时间,会遵循计划行事,有条不紊,并且按照规定的时间集中完成一项任务。在大多数国家,准时是必不可少的优良品质,迟到被认为是一种极大的冒犯行为。如不按时完成任务,也会受到惩罚。在德国,公共交通工具是按照规定的时间来运行的,一旦晚点给乘客带来的损失,相关部门是要给予赔偿的。一元时间文化强调守时,但过于强调则容易产生不安和不耐烦的情绪,导致跨文化交际中的误会和矛盾。

有一位美国外交官被派往非洲某国,初来乍到的他希望尽早与该国的某政府要员见面。但是两个礼拜还没有回音,于是,他再次催促安排会面。他按时到达见面的地点,却等了一小时才得以被引见。然而,出乎他意料的是,办公室里还有别的客人,这位政府要员见的不只是他一个!出现这样的状况原因主要在于两种不同的时间观念。非洲某国崇尚多元时间文化(polychronic time culture),在这种文化规范里,即便晚了一小时仍然不算迟到;而同时接待数名客人则表现为在有限时间内充分地使用时间。

在一元时间文化的人看来,来自多元时间文化的人们的时间观念并不强,他们办事较为拖沓。而多元时间文化的人却认为,他们能在同一时间内可以处理不同的事务,这样会更有弹性,更具人性化。拉丁美洲国家、南欧、非洲、阿拉伯地区和某些亚洲国家属于多元时间文化。尼日利亚人觉得今天的事情可以放到明天做;沙特人认为安拉是掌控时间的唯一之神,所以,守时与否无关紧要;印尼人认为时间是无穷无尽的潭水,无须疲于奔命。与这些国家和地区的商人打交道时,约好的会面也许会被推迟好几个小时。

(三)空间语的文化差异

人们相互之间的交谈都需要一定的空间,但不同文化对交际者之间距离的要求却大不一样,突出体现在人与人之间交流时对身体距离和身体接触掌控的不精通表现。来自不同民族与文化人们之间对空间区域有不同的理解,他们对于触摸的对象、范围、场合和形式,有着不同的规定。如处理不当,往往会造成尴尬甚至很不愉快的后果。

阿拉伯男性喜欢近距离接触。他们靠得很近,眼睛盯着对方,呼气直喷到对方的脸上。对美国人来说,只有恋人才有这般举动,一般情况下这样近的距离会使人很不舒服。日本人和美国人交谈时,会下意识地站得比较远。俄罗斯人认为,意大利人交谈过于靠近,拉美人交谈时几乎贴身。在某次国际学术交流会议上,一位拉丁裔的教授和一位美国教授在交谈,拉美人不断地靠近,美国人不停地后退。在短短的时间内,两人在交谈发生的房间绕了几个圈。拉丁人觉得,只有靠近对方,交谈起来才觉得舒服,而美国人觉得交谈距离稍长才会自然。研究表明,不同文化对交际空间距离的认识也有所不同。

表1 部分国家对交际者距离的态度

短距离	中等距离	长距离
拉丁裔	美国人	日本人
地中海沿岸阿拉伯人	北欧人	地中海沿岸欧洲人

人类学家根据身体距离的理论,将社交文化分为两种:体触文化与非体触文化。体触文化指身体的接触,是借身体间的接触来传达或交流信息的交际行为,是一种重要的非语言交际方式。体触行为进入了最敏感的近体交际的亲密距离,最易产生敏感的反应。一些国家的人频繁使用体触,其形式多样,并富有强烈的感情色彩,体现极强的文化特色。相反,非体触文化中鲜有身体触摸。因此,在跨文化交际中需要谨慎对待,认真了解每一体触行为的含义及其文化差异。

身体接触较多的人大多来自:大部分阿拉伯国家、地中海地区(西班牙、法国、希腊、意大利等)、犹太民族、东欧国家、俄罗斯以及拉丁血统的民族等。而美国人、北欧人和东方人则属于非体触文化范畴的人们。这部分人群对于社交场合的身体接触会有不适、紧张等负面情绪。北欧、德国、英国、日本、韩国等国的居民对身体接触十分敏感,通常会尽量避免,尤其是在地铁和电梯中。澳大利亚、新西兰等国的居民在交际时身体接触频率为中等。

尽管在公开场合中国人甚少有(特别是男女之间的)身体接触,但不少学者依然将英美文化列入非体触文化,而视中国文化为体触文化,其原因如下:

1) 通过拥挤的人群时,来自英语国家的人会用双手触碰别人的身、手、肘或肩部,分开一条路。他们认为中国人不用手分路,而用身体躯干挤过人群。

2) 在排队时,英语国家人群对相互碰撞或距离过近都极为敏感,排队时会保持一定距离,万一碰撞了他人则一定要表示歉意。

3) 在中国,同性之间手牵手,肩并肩地出现在公共场合,表示彼此十分友好;而在欧美国家则表示他们有同性恋的倾向。

4) 在拥挤的车中、饭馆或其他公共场合,欧美人(即使一家人)到饭馆吃饭时,如座位不够,宁可轮流用餐也不挤坐在一起。长途旅行时,如座位不够,宁可有人站着或轮流就座,也不愿挤坐在一起。

5) 欧美国家的人不允许别人随便碰撞自己的身体,儿童往往也不例外,尤其是女童。如果遇到成年男性无理触碰或拥抱一女童时,他往往会被怀疑有猥亵企图。中国年长的女教师见学生穿着单薄时往往喜欢关切地摸摸衣服,告诫学生要多穿一点,以免感冒。欧美留学生对此却极为反感,他们认为这是把他们当成不懂事的幼童对待,也是一种侵犯行为。很多欧美国家的母亲抱怨,中国人很喜欢逗弄他们的小孩:拍拍头、抱一抱、亲一下。虽然在中国,这些举止是表达喜爱和友好,无伤大雅;但在西方人看来,这些触碰行为会被认为是粗鲁无礼、会引起强烈的反感和不悦。所以,西方妈妈看到中国人触摸自己的小宝宝时,都只能站在一旁,尴尬无语,心情复杂。

The following is a test of your knowledge and understanding of the *English-speaking culture*. Choose what you think is the appropriate answer.

1. What is the response of a westerner when he/she receives a gift from someone?
    a. He/She said "thank you" and put it aside.
    b. He/She said "thank you" and opened it straight away.
2. What color does a Western bride usually wear at the wedding?
    a. Red.　　　b. White.　　　c. Pink.
3. In the west, is it appropriate for the host to pick food for the guest and push him/her to eat more?
    a. Yes.　　　b. No.
4. Do you think that according to the Western tradition, a man should open doors, take coats for ladies?

a. Yes.   b. No.
5. When someone visits a friend of the opposite sex, is it appropriate to sit on the friend's bed?
       a. Yes.   b. No.

三、副语言(辅助语言)的文化差异

　　副语言指人们在日常言语交际中的说话方式，包括说话人说话时所使用的频率、声调、音高、音量、重音等。频率有快慢之分；声调可分为升调和降调；一种声音的高低可以决定其是否悦耳，其抑扬顿挫是否能够引起观众的注意力；音量可以影响信息所传递的含义；一个词的词重音在句中会因与其他词语的组合而消失或得以加强。

　　由于文化的差异，人们说话及说话时所伴随的副语言特征也会不同。一般说来，不同的声调给人带来不同的感受。在不同的语境下，声音的高低、语速音量的选择都会因交际对象的不同而变化。中国人的语速比美国人慢，原因在于汉语里的多音节单词比英语少得多，汉语的每个音节承载的信息量大于英语的单个音节，即同样的信息可用更少的汉语来传递。

　　沉默在不同文化中也有不同的含义。美国人认为沉默象征消极、冷漠、迟疑；而日本人则认为"沉默是金"，视之为美德。快言快语的表达者会使沉默寡言的日本人感到对方非常急躁，日本人把话语间的沉默看得和话语内容本身一样重要。

　　然而，不是所有文化中的副语言特征都具有普遍性。在一些国家，点头表示肯定，摇头表示否定，在有的国家却刚好相反。汉语靠声调辨义；英语却依赖语调来表达意义。言语交际中的种种现象表明，频率、声调、音高、音量、重音等对话语的意义产生重要的影响。它们或为话语的深层含义提供推导的条件，或赋予话语特定的含义。在跨文化交际中，若不了解不同文化中副语言的不同特征，且不能妥当地运用副语言，就可能导致语用失误，最终导致交际失败。

四、服饰习惯的文化差异

　　服饰习惯也是非言语交际的重要组成部分，可以反映各国文化的特色。某些颜色包含着法律或道德的约束力，具有普遍的意义。如交通指示灯的红色和绿色便具有截然相反的功能。在战争时期，打白旗则是宣告投降。然而，在更多情况下，由于民族文化、历史和习俗的差异，不同的颜色具有不同的象征性意义。中国的新娘穿红，因为中国把红色看成幸福与吉祥的象

征。西方新娘则穿白色,他们视白色为贞操与纯洁的体现。中国人传统操办红白喜事,与西方人举行婚丧嫁娶礼仪所用颜色大不相同。中国殡葬披麻戴孝,用白色表明悲痛;西方人的葬礼穿黑色,以黑色寄托哀思。

颜色、服饰等静物在不同文化中具有独特的内涵。出访欧洲和拉丁美洲时,需特别注意服装及其饰物的风格和品质。意大利人和西班牙人很看重对方良好的外在形象。较为年长的德国人更愿意同穿着光亮皮鞋的商人们合作。美国人对于牙齿的状况非常在意,所以,作为准备工作的一部分,有些合作商会特地到牙医处清洁牙齿,以求留下好印象。中东商人进行洽谈时,常常会从对方的公文包、手表、钢笔和佩戴的珠宝首饰的价格以及品质来进行评价,因此,要穿戴上自己最优质的服装并携带上自己最高级的物品,才能给他们留下好的印象。

在亚洲,商人们在许多地方进行商务活动时,最好穿上易脱的鞋子,因为在进入寺庙、住家和某些办公室时要脱下鞋子。在穆斯林和印度文化中,女性商务人员应该穿着谨慎,尽可能少的裸露皮肤。女性借口太热而穿无袖低领上衣,在这些地方会不可避免地受到不欢迎的眼神,甚至会引起冲突。在炎热季节里,这些地区的女性可以穿上纯棉或丝绸衣服。世界上大多数地区的职业女性可以在正装、外套、夹克以及衬衫之中选择。对于男性,黑色外套、保守风格的领带和黑色袜子适于大部分的场合。

技能训练

到某一公共场所(购物中心、商店、快餐店)观察服务员(售货员或收银员)是如何与顾客沟通的。观察大约15分钟,记录下他们给顾客的非语言信号。

(1)顾客的非语言信号都有哪些特征?
(2)服务员能理解顾客的这些非语言信号吗?
(3)你如何判断顾客或服务员在主动倾听顾客的话语,或注意到说话人的非语言信号?

单元小结

在跨文化交际中,要清楚地认识非言语交际与文化之间的关系。绝大多数非言语交际都是代代相传和后天习得的,是人类历史交往和文化积淀而成的某一社会共有的习惯。文化不同,交际规则也不尽相同。语言交流与非言语交流相结合,组成了人类的完整交流系统。两者相辅相成,缺一不可。两种手段,交互使用,可以表达更加丰富而细腻的思想感情,从而促进人们进行达到广泛而深入交往的目的。

Cultural Use

Cultural Use of Space: Culture also tells us how to organize space in such a way as to control the nature of interaction. In North American corporate offices, for instance, the boss is usually physically isolated in a very separate private room. This tends to minimize his or her personal contact with ordinary workers. In contrast, Japanese offices commonly are set up with the boss's desk at the end of a row of pushed together desks used by subordinate employees. This maximizes his interaction with them.

Typical North American Office **Typical Japanese Office**

A court room similarly alters behavior. In the United States, the judge usually wears a black robe and sits behind an elevated desk. The other desks and chairs in court are positioned so that all attention is focused on the judge. This intentional setting makes those present feel respectful and subservient to the judge, thereby making it easier for him or her to control the proceedings.

Culture also guides our perception of space by defining units of it. In the industrial world, space is divided into standardized segments with sides and position. Acres and city lots with uniform dimensions are examples of this in the United States. Our property boundaries are referenced to such segments of space. As the density of population increases, the importance of defined spatial boundaries grows. Land owners in densely occupied neighborhoods have been known to get angry enough to kill each other over disputed fence lines between their properties. In less dense rural areas of the American West, where people own ranches of hundreds and even thousands of acres, the movement of a fence three feet one way or another is rarely of consequence.

Cultural Use of Time: Culture tells us how to manipulate time in order to communicate different messages. When people appear for an appointment varies with the custom, social situation, and their relative status. In North America, if you have a business meeting scheduled, the time you should arrive largely depends on the power relationship between you and the person who you are meeting. People who are lower in status are expected to arrive on time, if not early. Higher status individuals can expect that others will wait for them if they are late. For instance, most people who have medical appointments are expected to arrive early and to wait patiently for their doctor to see them rather than the other way around. An invitation to a party is an entirely different matter. It is often expected that most guests will arrive "fashionably late." It generally takes a North American child at least 12 years to master these subtle cultural aspects of time. By 5—6 years old, they usually only know the days of the week, the difference between day and night, morning and afternoon, meal and nap time. By 7—8 years old, most can consistently use the clock to tell time. However, it is not until about 12 years or older that they begin to know the situational aspects of time, such as when to arrive at a party.

When people come together with very different cultural expectations about time, there is a potential for misunderstanding, frustration, and hurt feelings. This could occur, for instance, if a Brazilian businessman does not arrive "on time" for a meeting with a potential North American customer in New York and fails to give an apology when he arrives. For the Brazilian, time may be relatively "elastic" and the pace-of-life a bit slower. He believes that he was sufficiently prompt for the scheduled business meeting, having arrived within half an hour of the appointment. It is not surprising that he is astonished and offended when he is treated coldly by the North American who also feels slighted by what he perceives as rudeness. Compounding the situation is likely to be differences in their comfortable physical interaction distances. This dismal scenario can be avoided, of course, by foreknowledge about the other culture and a willingness to adopt a cultural relativity approach. The old saying "When in Rome, do as the Romans do" is still good advice.

参 考 文 献

Reisinger, Y. & L. W. Turner, *Cross-Cultural Behaviour in Tourism: Concepts and Analysis*. 天津：南开大学出版社,2004 年。

Corder, S. P., *Strategies of Communication*. London: Longman, 1983.

海登·罗森伯格：《妇女心理学》，昆明：云南人民出版社，1986年。

胡超，Brad J. Herd：《跨文化交际实用教程》，北京：外语教学与研究出版社，2006年。

李莉莉：《跨文化交际中的非语言行为》，《黑龙江大学学报》2004年第9期。

林继军：《对作为非语言符号的舞台说明的分析》，《西安外国语学院学报》2003年第1期。

毕继万：《跨文化非语言交际》，北京：外语教学与研究出版社，1999年。

毕继万（译）：《中国和英语国家非语言交际对比》，北京：北京语言学院出版社，1991年。

胡文仲：《英美文化词典》，北京：外语教学与研究出版社，1995年。

赵艳萍、李洁连：《文化与交际》，北京：中国人民大学出版社，1999年。

www.pep.com.cn

www.baike.badu.com

www.blog.sina.com.cn/sara86593

教师素质理论丛书非语言行为卷.www.xwyx.cn

www.vip.book.sina.com.cn

www.eduzhai.net

wenda.tianya.cn/

www.aliqq.com.cn/online/financial/cj_16/3104.html

第四单元
跨文化交际中的文化冲击

There is such a thing as reverse culture shock. I didn't realize that while I was away I had changed, and so had other people.

— Scott Bailey

  文化冲击是指当一个人置身于一个陌生的环境，接触不同的文化习俗，内心可能会产生困惑或焦虑的一种状况。随着中西方跨文化交际日益频繁，文化冲击成为一个无法避免的问题。因此，我们必须了解文化冲击的成因，克服文化冲击，打破交际障碍，才能使跨文化交际顺利进行。

知识要点

1. 文化冲击的定义与原因
2. 文化冲击的四个阶段
3. 逆向文化冲击
4. 文化冲击的克服

能力目标

1. 掌握文化冲击四个阶段的表现特点
2. 掌握文化冲击的症状与对策

案例导入

Susan Wood, a young American mother of a four-year-old boy, came to China for the first time. She wrote to her parents for help.

Dear Dad and Mom,

I don't feel happy in China. I am scared by how the Chinese treat Tommy. Tommy is already four years old. Whenever I take him outside, a lot of Chinese whom I don't know would fondle him, touching, patting, hugging or even kissing him. It seems that the Chinese are treating Tommy as a pet. I think they are very rude. What should I do?

Best Wishes

Susan

This case reflects different attitudes towards one incidence from different cultural background.

知识要点

文化冲击

何为文化冲击？随着中国改革开放的不断加深，大批中国人走出国门，到英美国家或留学，或从事商务活动，或移居，或旅游。出国已越来越平民化、大众化，不再是一件神秘的事情。与此同时，西方人也通过各种途径来到中国学习、旅游、工作等。不管是"走出去"，还是"请进来"，中西方人都在从事着跨文化交际活动。离开家乡到另一个陌生环境生活的人们，往往在刚开始心情会十分兴奋，而等到兴奋的心情平静下来就会很快发现，外面的世界并不如自己想象的那么精彩。当中国人在国外打开电视时,他们发现全是听不懂的语言,即使是外语专业的学生,也需要较长时间去学习;想主动交朋友,又不知如何入手,害怕说错话而得罪对方;房东的生活习惯跟自己天南地北的,却又无法交涉;当地的饮食不合口味,特别是想吃一顿家乡的饭菜,偏偏超市里买不到所需的食材,厨房里更没有合适的厨具;走在街上,看到的都是不同皮肤、讲不同语言的人。自己所熟悉的每一件事——从日常事务、交通方式、食物和语言到价值和信仰体系都变化了。平时熟悉的身影,习惯的环境都不存在了。陌生的国度里找不到任何归属感,失落感和孤独感油然而生。每个人在面对陌生的国家文化,与具有不同思维方式、生活习惯、价值观念的人相处时,都会体会到这样的冲击。在跨文化交际学中,这种冲击被称之为文化冲击(culture shock)。文化冲击(也被译为文化休克),最早是由比立斯和汉弗斯在1957年提出来的。随后,美国的文化人类学家奥博格(Oberg)在1958年至1960年期间曾多次使用该词并使之普及开来。奥博格将文化冲击定义为:"Cultural shock is caused by the anxiety resulting from losing all our familiar signs and symbols when we move to a new environment"(一个人进入到不熟悉的文化环境时,因失去自己熟悉的所有社会交流的符号与手段而产生的一种迷失、疑惑、排斥甚至恐惧的感觉。)

　　后来也有许多学者尝试给"文化冲击"下定义。霍尔的定义是:"所谓文化冲击,就是自己身边大量熟悉的环境或失去,或扭曲,而被另外的自己所不熟悉的环境所替代的现象。"日本学者星野命在总结大量观点的基础上提出:"文化冲击一般来说指的是一个人在接触与自己所具有的生活方式、行为规范、人际关系、价值观或多或少不相同的文化时,最初所产生的感情上的冲击和认知上的不一致。"文化冲击也可以说是人们在新的环境中缺乏目的感而感到的不知所措,是初到另一个国家时可能会出现的生理和心理上的不适应感。人们在陌生的环境往往会有失去方向的感觉,不知道自己该做什么(what to do)、怎么样去做(how to do things)、什么时候做(when to do things)。见面时,该不该和别人握手;在餐馆吃饭时,该不该给小费,给多少;受到邀请时,该接受还是拒绝等等。

　　文化冲击的严重程度和适应时间视个人的个性、语言表达能力、精神支撑、停留时间的长短和母文化与异文化之间的差别大小而不同。旅游者和短期出访的商人、官员等在异国停留的时间短,生活条件比较优越,而且有各种"保护",与当地人接触较少。因此,他们对异文化可能会有不适应的地方,但是一般抱着好奇的态度,不会感到很大的冲击。而留学生、移民和长期驻外的工作人员等在异文化环境中停留时间长,与当地人有较多的接触,在文化适应方面遇到的困难比较多。在说英语的国家,一个英语专业的学生要比一个不懂英语的学生能更快地适应异文化。

分析下面的案例

广州某高校一美国外教 Brian 打篮球摔断了手,很多学生都去探望他或发信息给他表示关心。但有一件事让他非常困惑,甚至感到生气。原来很多学生问他:Why are you so careless?(为什么你那么不小心?)Brian 不明白为什么学生要这么问。在美国,对一个受了伤的人说这样的话,是非常不礼貌,甚至是很过分的。他的中国学生没有意识到这一点,其实他们只是出于好意,想要表达他们的关心和慰问。这句话如果是对中国人说的,没有任何不妥,因为中国人有时会以轻微的责备来表示对对方的关心以示友好,只是在英语中,就是一句非常不恰当的表达。

上面这个例子说明,外语学习者如果只掌握了正确的语法规则和词汇,却不具备一定的语用能力,在跨文化交际中还是会碰钉子。语用能力是在一定的场合恰当地运用语言进行交际的能力。因此,与不同文化的人交往,就需注意其语言背后的社会语言规则和言语使用规则。否则,即使你已经熟练地掌握了一门外语,说一口流利的外语,对方(该语言的母语者)还是难以恰当地理解你的说话意图,甚至会让对方感到愤怒或失望。

一位英国籍的文学教授在埃及首都一所大学给学生讲授诗歌。讲课时,稍一激动,他便坐到桌子上,翘着二郎腿,鞋底对着全班同学。第二天,开罗各家报纸便以一则标题特大的新闻报道了学生的抗议活动。

分析: 在英国课堂,激动的老师坐在桌子上或翘着二郎腿可谓习以为常的动作,但在穆斯林文化中,用鞋底对着人们是最不礼貌的侮辱性姿势。在跨文化交际中的非言语行为障碍是很常见的,往往给人们的跨文化交际带来不必要的麻烦。

能力目标

一、跨文化交际现象及其原因

(一)常见的跨文化冲突

文化冲击可能在生活的各个层面出现,笔者曾对 10 名来自英国、美国、澳大利亚的外教进行了问卷调查,调查他们在哪方面不适应中国的文化。10名外教已在中国任教1—2年,对其调查的结果显示,英国外教感到最难适应的是许多中国人没有排队的习惯,特别是在公交车站,上车时总是一拥而上。即使是在邮局、银行、售票处排队,通常都是一个紧挨一个,公交车上的拥挤也是他们感到难以接受的。在英国,一切为与钱或私人有关的事排队都要自觉与第一位正在办事的人保持约一米以上的距离,并且努力装作漠不关心的样子。美国外教表示许多中国人在公共场合抽烟,也是他们最不适应的事情之一。另外,有时候他们被邀请参加一些学生比赛或晚会,说好7点到9点的比赛,往往总是推迟15到20分钟开始,并且比赛结束的时间总是比预计的晚很多。强调准时的美国人常常为此感到愤怒。文化冲击是一个普遍的现象,常见的冲突主要有以下几个方面:

1. 隐私方面的冲突

中国人的隐私观念比较薄弱,不管是朋友还是第一次见面的陌生人,我们都会询问对方的生活情况,包括家庭、年龄、收入、工作、婚姻状况等等,以此来表达对对方的关心、友爱。

更有趣的是,当见到别人穿了一件新衣服,我们马上会问:多少钱?看到年轻的姑娘,很多人会问:多大了?结婚了吗?这些问题在西方人看来严重地侵犯了他们的隐私。他们不愿意向别人过多提及自己的事情,更不愿意让别人干预。

2. 时间观念的冲突

英美国家的人视时间为金钱,特别是美国人,通常拜访别人都要事先约好,否则可能吃闭门羹。可在中国,我们常常会见到有人未经预约就串门走访亲友。各个文化关于守时的概念也不一样。在英国和北美,正式的约会必须准时到达,最多不能迟到5分钟,而在阿拉伯国家和印度迟到15分钟仍属正常范围。美国人在举行舞会或其他活动的时候总是会注明时间(如从晚上7点到9点),时间一到,不管大家玩得多么尽兴,都得散场。在中国,可能会出现另一种情形,即不管是会议还是娱乐活动,超时是非常普遍的现象。

3. 餐饮习俗方面的冲突

中国人热情好客,在交际场合和宴会上,主人会给客人夹菜劝酒。在西方,不顾别人的喜好往别人碗里夹菜是不礼貌的。中国人宴客讲究排场,美味佳肴摆满一桌,主人还要说上几句客套话:菜不多,请多多包涵。西方人在饮食上讲究质量,不讲究数量,通常一两个菜就可以宴客。

一位美国商人A在中国逗留期间受到一位中国同行B的热情照顾。回国时向中国同行保证:"等到了美国,就来我家,管吃管住"。不久,B来到美国看望A。可A对他中国朋友B的接风招待只是一盘烤鸡块和一杯橘汁。这位远道而来的中国人B无论如何也没想到，A如此实在、不讲客套，他难以理解为什么A会这么不热情："想当初A在北京时，我可是在全聚德给他接的风啊"。

2006年，胡锦涛主席访问美国时，比尔·盖茨盛情在家中设宴为胡主席一行接风。晚宴由三道菜组成：烟熏珍珠鸡沙拉，黄洋葱配制的牛排或大比目鱼配大虾（任选其一），棕黄油杏仁蛋糕。对于习惯用菜盘子数量表达好客和热情的中国人来说，这个菜单让许多人议论纷纷，觉得比尔·盖茨太节俭，甚至抠门。实际上西餐，即使是国宴，也不过三四道菜而已。

西方人来到中国，对中国人的饮食习惯常常感到震撼。中国人吃许多野生动物，鸡爪子啃得津津有味，吃肉要吃带骨头的部分等，都是许多外国人不能理解的。

4. 生活习惯的冲突

中国英语教师王某去到美国当访问学者。每次她上美国的餐馆，服务员总是给她递上一杯加冰的自来水。这让喝惯热水的她非常不习惯。后来，她才知道美国人不喜欢喝温水。

王某在美国感到不习惯的还有一点，她发现所有的教学楼和宿舍都没有窗户，即使有，也只是装饰用的，美国人很少开窗，他们习惯了使用空调和暖气，同时也害怕外面的灰尘进入房间。王某认为应该多开窗，让房子通风，可房东却坚持认为应该使用空调，这让她感到十分无奈和难受。反之，美国人来到中国，住的房子没有暖气，也会感到大不习惯。

（二）文化冲突的原因

1. 价值观念的差异

不同民族由于其不同的历史、文化、地域、环境、风俗、传统、信仰等，人们的世界观、人生观、价值观是不一样的。价值观决定人们如何进行交际。"和谐"是中国文化最重要的价值观之一，这种观念给中国人设定了以下行为准则：不直接拒绝、给别人面子、礼尚往来。中国人比较喜欢以委婉含蓄的方式表示自己的意思。西方人觉得中国人喜欢"绕圈子"，他们喜欢直截了当地说话和做事。

中国人的和谐观还体现在"天人合一"的观念上，强调人与人、人与自然的统一。在行为上表现为尊老爱幼，亲仁善邻，谦虚谨慎。中国人的群体观念极强，突出集体；个人依赖社会对其地位与声誉的认同和社会对其需求的认可。而西方国家注重个体观念，突出自我，提倡独立精神，崇尚个人主义、自由平等、讲究实际。在西方的家庭中，父母与子女之间的关系相对独立，他们也互相尊重对方。

当注重集体的中国人访问强调自我独立的英美国家时,对许多现象感到震撼就不难理解了。笔者在美国时,曾认识一个学生,父母分别是律师和医生,家境非常富裕,但是她的学费却是靠贷款和打工来支付的。在澳大利亚时,也曾见过学生住在父母的房子里,但是每个月必须交租金。这种事情在中国学生看来是不可思议的,我们吃父母的、住父母的总是觉得心安理得。

2. 行为规范的差异

行为规范是指被社会所接受的道德标准和行为准则。简单地说,就是告诉人们该做什么和不该做什么的一种规范。不同文化背景的人在交际时,常常用自身所在社会的行为规范来判断自己和对方行为的合理性。

由于不同文化的双方在行为准则方面有不同的规范和要求,因此,常常会造成误解,甚至更糟的结果。在中国,如果看到一个可爱的小孩,我们会忍不住摸摸小孩的头,称赞几句。但如果在印度这么做的话,却会让小孩的父母感到生气,因为印度人认为,小孩子的头是不能随便摸的,那是神灵所在的地方。若侵犯了神灵,其后果就不堪设想了。

3. 刻板印象和偏见

有时,消极的反应并非源于真实的交往,而是源于对他人固定的、预想的看法。刻板印象(Stereotype)指的是人们对某一类人或事物产生的比较固定而又笼统的看法。从社会心理学角度来看,这些看法未必能够准确地反映现实,但它确实是我们在接触某一种文化前就已存在的一种普遍的现象。我们经常说广东潮汕地区的男子非常大男人主义,东北汉子比较豪爽、粗犷,上海男人疼老婆,会做家务等都属于刻板印象。

我们对外国文化也有一种先入为主的印象。中国人普遍认为法国人浪漫,德国人严谨,美国人开放,英国人保守,日本人工作非常努力,西班牙人热情奔放等。这些对外国人的印象,其实也是一种公式化、简单化的看法,实际上都属于"刻板印象"。人们从电视、电影、教科书或者亲戚朋友的评论中取得原型并加以发展形成一个总的概述,往往因为过度的简化与夸张,结果扭曲了事实的真相,变成负面性的印象。比如说有些电影总是把美国描绘成一个满是富人的,人人都有枪支的国家,有些笑话总是在嘲弄犹太人的聪明才智。许多外国人看到中国电影里有武打的镜头,就以为所有中国人都会功夫。刻板印象容易让人们犯以偏概全的错误,使人们无法客观地观察另一种文化,忽视个体区别,只注意与刻板印象相吻合的地方。这在很大程度上影响了不同文化背景人们之间的友好相处,不利于跨文化交际的顺利开展。刻板印象使人们看不到个体独有的特征,也常常导致偏见,抹杀人们去了解异文化的积极性。

4. 民族中心主义

民族中心主义是指某个民族把自己当作世界的中心,按照本族文化的观念和标准来衡量和理解其他民族的一切,包括人们的行为举止、交际方式、社会习俗、价值观念等。许多民族的人从其骨子里就认为自己的文化优越于其他文化,常常在与他人的交际中自觉或不自觉地流露出这种情绪。民族中心主义对跨文化交际的影响常常是负面的,常常使得人与人之间的交际距离变大。当人们处于另一种文化时,很自然地将这种文化与自己的文化进行对比,然后抬高自己的文化,贬低别人的文化。这种观念会直接影响交际的各个方面,包括说话人的语气、内容、态度等。

在西方,人们的餐桌文化与中国人的餐饮文化有很大的不同。我们会发现这样一些有趣的现象:西方人们习惯了用刀叉用餐,食物按照各人所需,装在各自的盘子里,不轻易与他人分享,肉类一般不含骨头,送进嘴里的东西就不再吐出来。他们都习惯食用不进行加工的蔬菜,直接将其搬上餐桌。而中国人习惯了用筷子用餐,所有的菜肴都装在盘子里,供众人分享,喜欢吃带骨头的肉,且骨头可以随意吐在桌子上,蔬菜要煮或炒过,一般不吃生冷食物。西方人和中国人都认为自己的饮食习惯是最健康的。然而,在现实生活中,许多西方人来到中国时,发现中国人啃鸡爪子,随意吐骨头,会觉得十分震惊,难以置信。而中国人出访国外,也无法理解为什么他们喜欢吃白花花的鸡胸肉,蔬菜全都是生的,而且认为筷子比刀叉简单、实用。这些想法都是受民族中心主义的影响,人们总是认为自己的文化优于别人的。

5. 言语交际中的语言障碍

在20世纪的中国,许多人认为,出国是一件好事,不管是定居还是学习。然而,他们大多数人无法忍受国外的生活,感觉无所适从,其主要的原因是语言上的障碍。不会讲当地的语言,就无法跟当地的居民沟通。许多中国人去到国外,都选择住在唐人街或中国人聚集的地方,以此来慰藉自己的思乡之苦,同时也避免由于语言障碍所带来的文化冲突。

也有很多留学生在出国前接受过英语培训,甚至有些是英语专业的学生,但有时与当地人交流时同样会受挫。因为懂英语并不代表他们就懂得所居住国家的文化、懂得他们的俚语和成语,也不一定能够理解异国情调的幽默。因此,真正过语言关还需要一定的时间去磨合和适应。几年前,美国曾经有个日本留学生在万圣节化妆后串门,因为走错门,而且听不懂英文"Freeze(站着别动)"是什么意思,结果被业主当场击毙,该业主被判无罪。这个例子充分说明,即便是掌握了非言语行为,人们如果缺乏语言能力,或不懂得区分文化上的差异,跨文化交际就难以进行。

6. 非言语行为差异

比起语言障碍,文化之间非言语行为的差异更容易导致文化冲击。就算一个语言能力非常强的人,如果不了解文化间各种非言语行为的内涵,也可能在与异域文化的人们交谈时引起冲突,造成不必要的不愉快。

一个简单的手势在不同的文化包含的意思可能完全相反,如摇头在大部分国家表示否定,可是在马来西亚和保加利亚却表示肯定。竖起大拇指在中国表示很棒的意思,然而,在伊朗和尼日利亚,这种手势却被认为是极度粗俗的。试想一个中国人去到伊朗,要是不了解这其中的差异,不经意向别人竖起大拇指,肯定惹起对方的怒火,造成误会,甚至可能给自己带来极大的麻烦。在中国的某一个地区,如果一个男性去抚摸一个女性的头发,或摘下她头上的饰物如发簪等,就意味着该男性喜欢该女性。接下来要发生的事情,就是该男性必须将此女娶回家做老婆了。

7. 语用迁移造成的影响

文化的不同,语言使用的规则就会有所不同。一种文化的道德规范只能在该文化社团中按其特定条件加以解释,而不能以此为规范来描述另一种文化,否则就会导致跨文化交际的失败。究其原因,往往是因为人们缺乏对社会语言差异的敏感性,会无意识地进行语用迁移,而这种后果有时会很严重。

Goat 一词在英语中是指"山羊",但除了这个意思,它还有"色鬼"之意。如果商人把它作为商标,那么,该产品被销往欧洲的话,该公司的经济损失是不可避免的。如果一个中国女孩子听到外国人对她说 You chicken,可能会非常愤怒,因为"鸡"在汉文化里除了本意之外,还可用来指"妓女"。chicken 在英语里却没有这个意思,而大多有"懦夫""胆小鬼"之含义。一位年轻的美国人来到中国的某一大学任教。在他到达不久后,就应邀到一个中国朋友家做客。主人有个3岁的孩子,刚上幼儿园,学了一点英语,见到外国人特别的兴奋,一见面就彬彬有礼地叫他 uncle。美国小伙子马上纠正他,"call me Chris",因为这小孩与那个美国朋友没有任何亲戚关系。在中国,小孩见到成年男子,称呼其为"叔叔"是非常正常的,可是在英语国家,互称名字更为普遍。

分析下面的案例

There was a Chinese man in America for the first time to earn money, and after he had learned little English, he went to rent a house alone. There he said in Chinglish: "I eat you, sleep you, how much a week?" (the equivalent meaning in Chinese is 我吃你,住你,多少钱一个月?) Surely, the house lady was shocked by his word and felt embarrassed.

Question: What caused the culture shock in this case?

二、文化冲击与逆向文化冲击

（一）文化冲击的四个阶段

进入异域，对其文化的接触势必会产生异样的感觉。文化冲击就是适应异文化的一个必经过程。虽然了解这个过程并不能阻止文化冲击的产生，但至少会让人认识到自己所处的状况只是暂时的。因此，我们只要有足够的耐心，采用恰当的策略就能减少文化冲击所带来的负面影响，才能给予我们时间逐渐适应新环境。每个人遇到的文化冲击可能都不一样，时间也有长短。一般说来，发生在我们身上的文化冲击可分四个阶段。

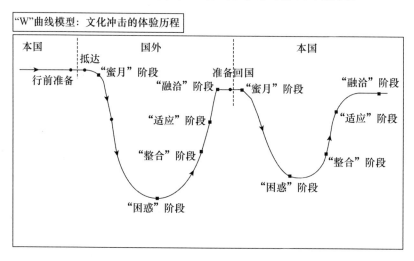

图1　W曲线模型：文化冲击的体验历程

1. 甜蜜期

能走出国门到其他国家去体验新的生活，是一件令人振奋的事。大多数人对自己拥有这样的机遇也常心存感激。他们在出发前对异文化会有各种美好的幻想和期待。经过长途飞行来到异国他乡，他们的心中也会有莫名的兴奋和激动。出国者对周围的环境和事物都感到新鲜和好奇，一切所见所闻都非常美好。有一中国学生刚到澳大利亚，会觉得当地的天空特别蓝，空气特别新鲜。去美国留学的人可能会认为当地大学的校园设施远比国内的好，班上的同学非常友善，即使在路上碰到行人也会报以微笑。异文化的美食尝起来也格外美味。简言之，对一切不同于本国文化的东西都觉得可以接受和包容。

这样的蜜月阶段大概会持续2到8周的时间。在这期间，人的心情通常比较愉快,学习动机非常强,语言进步很快,也乐于与异文化环境中的人交往,希望尽快建起新的人际关系,有时甚至会觉得异文化的许多方面都比本国文化的好。其实,我们在此时对异文化社会和当地人的接触还是很肤浅的。多数人的相互之间的相识仅限于表面,与当地人的交往也很简单。毕竟,要深入了解当地人及其文化也不是三两天的事情。

2. 困惑期

随着蜜月期的结束,人们对异国文化有了更深层次的接触。然而,人们又会遇上新的问题,迎来新的(困惑)阶段。他们可能在日常生活、学习、工作中遇到越来越多的困难,其情绪和精神状态都可能出现快速的下滑。最常见的现象是心理上感到困惑,生理上也出现种种不适。这时,文化差异给他们带来的震撼越加强烈。他们首先感觉到的很可能还是语言上障碍。许多第一次出国的人即使他们受过很好的语言训练,在国内也过了英语四、六级,成绩可能也还不错,但他们发现仍然听不懂周围的人在说什么。许多当地人说话带有浓厚的口音,而且讲的话题都不熟悉,所以,他们很难深度参与交流。即便有时就好似听懂了,也可能会因为没有完全理解背后的文化含义而误解或扭曲别人的意思。

中国留学生在美国课堂上听到同学们以随意、开玩笑的口吻谈论自己的父母和老师,可能会认为他们不尊重长辈,因为按照中国的传统,这样做是不合适的。有时,同学们讲一个笑话,你却听不懂其中的幽默,甚至怀疑别人在取笑你而感到愤怒和难过。其他的日常生活也面临了许多问题,比如上餐馆时不知道怎样点菜,点了菜又不知是否合胃口,结账时不知道小费该付多少;自己没车或不会开车,出门还要麻烦别人接送;外国食物此时也吃腻了,开始想念家乡菜。

在这一阶段(约持续2—3个月),原本觉得新鲜的一切都变得无法理解或难以忍受了。人们开始用自己的文化价值标准来衡量异国文化的一切。如果发现了差异,往往加以否定。这时我们常常会觉得,远在千里之外的家乡就变得更加完美了。如果在工作和学习上再遭受挫折,心理上会开始感到压抑、失落、孤独、甚至是自我否定,想家的情绪也更加高昂。很多人熬不过这个时期,就只能选择离开,回到原来熟悉的一切。也有人回国后,又可能因为国内的生活、工作环境的问题,再次申请出国。

3. 恢复期

当人们熬过了困惑期,就进入了恢复期(约持续3—6个月)。他们开始尝试去理解当地社会、文化和人,慢慢地适应了周边环境;他们慢慢地从震撼中恢复正常,开始知道如何处理周边的人与事,接受和学习异文化环境中的行为模式和从新的角度来看事情。他们感觉自己的能力在增加,自信心也在逐渐得以恢复;学业开始上手,在各种场合开始比较自在,也能有效地工作和面对问题了。

更重要的是,人们也能够在新文化和原文化之间找到一个平衡点,也能意识到异国文化虽然不同,但也有许多值得学习和欣赏的地方。人们开始接受了这种新的行为规则、价值观念、语言和非语言符号、饮食习惯、传统风俗等。

4. 适应期

人们在恢复期就无意识地开始融入了当地的生活,逐步过渡到适应期(约持续6个月以上)。在这一阶段,人们不仅接受了异国的生活方式,而且开始觉得这种新的环境给他们生活所带来的便利。

虽然环境没有多大的改变,但人们的态度变了。他们不再像蜜月期一样认为什么都很好,也不再像困惑期一样感到处处都很难。异国生活变得简单了,结交的当地朋友也越来越多,知道了跟别人交往该说什么,该做什么,在哪里买什么东西,一切都可以自己的掌握之中了。在适应期,人们在异国文化环境中找到一种新的归属感。可以说,到了这个时候,人们也就不再受文化冲击的困扰,许多人甚至还可能感觉不到它的存在。

(二) 逆向文化冲击

出国学习或工作的人,或多或少都会遭遇到文化冲击,但对于什么是逆向文化冲击,却往往知之甚少。逆向文化冲击(Reverse culture shock)也叫反文化冲击,常常被视为文化冲击的后续阶段,也是文化冲击W曲线模型的后半部分。它指的是出国人员在异域文化生活了一段时间,经历了异国文化的冲击和适应过程后,再回到自己出生、成长的国家时,对于曾经熟悉、现在却可能陌生的母文化环境产生的类似于进入新文化的不熟悉、误读等现象。

很多在国外生活、工作较长时间的人都不会料到,正如初到异地会遭遇文化冲击一样,刚刚回国的那一刻,同样会感觉不适应。通常,你越是带着怀旧的心态回国,就越会感觉到反文化冲击的威力。有时候,这种威力甚至大于刚进入异国文化时的冲击。逆向文化冲击也有一个从不适应到适应的过程,虽然时间的长短因人而异,但基本上都要经历三个阶段:兴奋期、不适应期和再适应期。

1. 兴奋期

人们在归国前夕,对回来以后的生活充满了憧憬和期待,内心激动地期盼着归国的那一刻。盼望着可以回到日思夜想的家乡,跟家人团聚。这种兴奋的心情一直持续到回国后较长的一段时间。

许多人也就开始进行大量的社交活动,探亲访友。他们见到久别的亲朋好友,可能会以聚餐、喝茶等方式与他们相聚,彼此都非常高兴。别人对归国人员的异国经历也表现出极大的兴趣。于是,归国者迫不及待地拿出照片,兴奋地向亲朋好友讲述自己在异国他乡的有趣经历。但是兴奋期不长,很快就进入了第二个阶段:不适应期。

2. 不适应期

过了一段时间之后,归国人员就发现自己曾经熟悉的一切似乎变了。别人也不再对他们的故事感兴趣。原来公司里的职位被别人取代了(当然有的回国人员可能不再回原单位工作),同事和朋友开的许多玩笑和谈论话题,自己却觉得一头雾水,无法像以前那样无话不谈。出国前觉得理所当然的事情现在也变得无法忍受了。

回国的人觉得国内的生活变得陌生,开始表现出同出国时经历的文化冲击一样,感到焦虑,无助,失落,甚至无所适从。有的人甚至出国几天,也会发出无奈的感慨。

3. 再适应期

归国人员在经历了不适应期后,随着时间的推移,最终会再次适应母文化的一切。在再适应期,人们会重新调整自己的心态,慢慢再融入母文化生活。一般来说,在国外生活的时间越长,回国后的适应期就越加困难,反之亦然。

逆向文化冲击产生的原因是多方面的,有个人因素,也有环境因素。年纪越大的出国者能更好地应对逆向文化冲击,因为他们对母文化的了解比较深,不容易受异文化影响,但年纪较小的出国者往往会完全接受异文化的洗礼,淡忘自己的母文化,回国后遭受的逆向文化冲击必定更强烈。因此,在国外长大的子女,若是回国定居,遇到的困难更大。从环境因素来分析,出国者在国外经历了许多改变,与此同时,国内的朋友、同事、家人也经历了结婚、升职、搬迁等各种变化,他们也许建立了许多新的社会关系。可是对于出国者来说,他对母文化的印象还是停留在出国的那一刻。在这期间发生的变化他不了解,归国后,自然就会产生交际上的隔阂。

面对不再熟悉的生活环境,不安的情绪会油然而生,尤其是当你觉得家人或朋友并不像想象中那般热情地作你的听众时,失落之心难免会开始侵蚀你归家的兴奋。缓和逆向文化冲击的最佳策略是对回国后可能遭遇的一切做好充分的心理准备。回国前有必要提醒自己,故乡的生活条件已经改善、国家的大气候也在变、家庭内部的关系也可能有所变动。这一切都非常自然,就正如自己在他乡也有了许多长进一样,家人和朋友也在成长。从前的朋友也可能早已经成家或迁移到别的地方。这时,我们不妨找到别的归国人员分享心得,交流策略,慢慢去适应母文化中陌生的一切。

分析下面的案例

Wu Lian, an English major studying at a university in the US, starts out confidently. She knows that her language skills are better than those of most Chinese studying abroad. At first everything is fine, but gradually she discovers that professors do not always present material in an organized way, nor do they always speak clearly. Some are from other countries and speak English with a foreign accent; some talk so fast that she cannot keep up. They expect her to read a whole book every week for each class! Several of her courses require her to write term papers longer than her graduation thesis. The library is so big and complex and lists so many resources on the assigned topics that she wonders how she will manage to do the necessary research.

Wu Lian finds she cannot understand the group conversations of her native speaking classmates. They use a lot of slang, make jokes she does not understand, and convey much of their meaning with subtle gestures she cannot decode. Some treat her kindly but like an incapable child; others expect her to know everything and feel and do as they do. The way they talk about "partying" frightens her. They sometimes invite her to join in their social activities, but she has neither the time nor the money to participate.

In the meantime she gets letters from her family and friends at home, expressing their pride and confidence in her. Her parents tell her to work hard and take care of her health. She is already studying more hours a day than anyone she knows. Fresh fruits and vegetables are so expensive, and the food in the dining hall is so unappetizing. Why don't they have street sellers here? She would like to cut costs by cooking for herself, but the local convenience store does not sell vegetables and it takes too long to get to the supermarket by bus.

Wu Lian writes to her parents, but what she tells them is not what she really feels.

Questions:

1. Among the four stages of culture shock, which one do you think Wu Lian is at now?

2. What suggestions can you give to help her cope with the difficulties she is experiencing now?

三、文化冲击的应对

（一）文化冲击的表现形式

文化冲击常给人们带来意想不到的后果，常见的症状有两种：生理症状和心理症状。生理症状主要指由于身处不同文化时，随着气候、食物、水质、生活习惯等的改变而引起的状况，是身体对环境的改变而产生的一种自然反应。主要的症状包括食欲不振、失眠、易怒、焦虑感、抑郁症、头痛、不明原因的身体不适等。一个澳洲学生被送到印度南部一所大学当交流生。他在印度住了六个月，几乎每天都拉肚子。回到澳洲后，肠胃就不治而愈了。

文化冲击所带来的症状更多的是心理上的。当原本熟悉的一切消失之后，生活方式被改变了，周围人们的语言和行为都陌生了。人们往往会对这种变化感到恐惧、不安，甚至是抗拒。文化冲击的心理症状主要包括想家、孤独、无助、沮丧、压力等。受到文化冲击后心理可能会产生以下障碍。

1. 失落感

这种感觉主要指人们因失去原本熟悉的环境、拥有的社会地位而产生的不适。这种现象较为常见，如那些原本在中国过惯了衣来伸手饭来张口的独生子女，去到美国读书，少了家里人的宠爱呵护，一切都要靠自己照顾自己，甚至还可能需要去餐馆打工洗盘子，心里难免会感到心酸。如果原来在国内当过一官半职的人去到国外从头开始，可能变成一个公司小职员，原来受人尊敬的社会地位不见了，这中间的落差也会增加其内心的失落感。

2. 紧张感

当人们过于努力适应新环境时，就会觉得生活节奏太快、或因不适应等因素而产生紧张的感觉。笔者在美国当访问学者时，刚开始跟当地人接触，总是莫名地感到紧张，担心自己说的话是否冒犯了对方，能否被对方理解，对自己的行为也小心翼翼，害怕违背了当地的社会行为准则。一段时间过后，才能慢慢适应。

3. 自卑感

有自卑感的人无处不在，不管你是普通百姓，还是有一官半职的人都会在生活或工作的某一时期产生这样的一种感觉。出国的人面对新环境里的人和物有这种心理就不奇怪了。中国学生在国内读书，习惯了在课堂上听老师讲，对老师的看法很少提出异议，如果去美国留学，就会因看到课堂上的美国学生挑战教授的观点，甚至与之争吵，而感到震惊，甚至会因为自己懂的没有对方多而感到自卑。

4. 无能感

当人们对陌生环境的不适应，人际交往感到力不从心，就会产生自己无能的感觉。面对陌生的环境和陌生的人群，如果自己的语言能力也不高的话，会害怕跟别人相处，交际能力也会大打折扣。人们出外办事也经常碰壁，由此常常对自己的能力产生怀疑。这种感觉与自卑感还是有区别的，即有能力的人不一定不自卑。

（二）文化冲击的应对策略

受文化冲击的程度与人成长的环境、阅历、受教育的程度等因素有很大关系。当然，与两种文化间政治、经济、社会观念、价值观念的差别也不无关系，差异越大，冲击就越大。受文化冲击影响的大小还取决于他的学历、年龄、性别、职业、性格、语言能力、交际能力等因素。一般认为，年轻人比老年人更容易适应，性格外向的人比性格内向的人容易适应。但不管性格、能力多么强，要完全避免文化冲击几乎是不可能的。人们可以通过努力，将受冲击的程度降到最小限度。以下是应对文化冲击的几种策略。

1. 学好目标语言

在我们适应新文化环境的过程中，外语能力是非常重要的。因此，掌握尽可能流利的外语，对减缓文化冲击有很大帮助。语言是人们进行有效沟通的最佳工具。在陌生的国度，如果能用流利的当地语言跟人们交流，往往会让别人对你刮目相看，产生好感。中国人对会讲中文的外国人常常更加热情，更愿意与他们交流。熟练地掌握外语也有助于人们加深对异国文化的理解，更容易与当地人们建立友好的人际关系。

2. 掌握百科知识

出国前，我们应通过各种渠道了解异文化和社会的有关知识，如通过书本、杂志、电视、电影等来感受异文化中比较直观的东西，预先学习当地的风土人情和社会习俗。此外，我们还应阅读有关跨文化交际的书籍，提高自己对跨文化交际的知识。很多人在遭遇文化冲击的时候，感到无所适从，不知如何应对。但是如果预先有这方面的知识，那么，对文化冲击的症状会比较敏感。知道这是在适应异国文化过程中必经的阶段，才不会感到恐慌，才能想到应对的办法。在有条件的情况下，我们还可以在国内先跟外国人交流，或向去过国外的人请教经验，提高跨文化交际的意识。但更重要的是，去到当地社会，一定要保持学习的心态，认真观察异文化环境中人们的生活态度，行为习惯，思维方式等，并通过模仿来学习当地的社会技能。

3. 克服心理障碍

我们在适应新文化的过程中，一定要注意克服自己的心理障碍。到访发达国家,有些人会因为自己的经济地位低下感到自卑;有些本来在国内十分优秀的留学生去到国外可能功课跟不上,内心充满失落感;有些人在陌生的环境无法交到朋友,交际能力也急速下降,整天被孤独感折磨;有些人还会出现不习惯当地的饮食、水土,过度思念家人,抑郁成疾等症状。要克服这些心理障碍,及时调整心态非常重要。我们一定要意识到自己来到国外,是为了开阔视野,增长见识和阅历。作为一个文化外来者,要允许自己在异国文化刚适应阶段暂时的落后,但同时也要坚信这种落差是可以通过努力学习来弥补的。更重要的是,我们要多自我反省。如果发现自己的期望在异文化中不太合理,应该赶快加以修正。

4. 勇于面对现实

我们处于新的环境,一定不要退缩,要鼓励自己,主动积极地接触当地社会,与当地朋友来往。尽可能地去认识邻居、同学、老师、同事或任何相关的人。就算刚开始无法融入当地人的生活,只要持着友善、自信的态度,先当一名观察者,聆听者,慢慢会被当地人接受,甚至得到他们的尊重。多看看当地的报纸、电视节目或网站,了解当地的热门话题,在与人们交流时才不会感觉格格不入,半句话也插不上。当你逐渐熟悉周围环境,逐渐适应异国文化之后,就会恢复正常的生活。

5. 顺应新环境

远在异国他乡,最重要的还是适应异国文化,加深相互间的理解。然而,要理解另一种文化不是一件容易的事,特别是面对异文化中的差异。因此,我们首先要避免对某一文化的偏见或以民族中心主义的观念去对待异文化。文化是不分优劣好坏的,每一种文化都有其正面和负面的东西,对每一种文化都应该尊重,切不可一概否定。其次,要以积极的态度去理解别人,学好站在对方的文化背景下来理解对方的行为。俗话说"入乡随俗",处于新环境就应该学习新的社会规范,交际礼仪,遵从他们的风俗习惯。同时,我们也要让对方理解我们的文化习俗等。只有加深相互之间的理解,双方才能认识并协调彼此的不同之处,才不至于发生冲突。

文化冲击是一种逐渐熟悉新文化,从觉得不适应到觉得较为适应的过程。这一过程会长达数月,也可能长达数年,是一种可能让人经历一番痛苦的过程。每个人在异国文化中或多或少都会遭遇文化冲击,但文化冲击未必只带来消极的结果。人们在经过反复地实践、体会、克服面临的困难后,才能更好地意识到跨文化交际中的问题,更加深刻地理解对方的文化。挫折的磨炼和冲击给了人们一个重新看待自己、认识自己的机会。破茧之后是重生,我们应将文化冲击的消极作用化为积极作用,让人们在异国文化中重新确立自我,提高自身形象。

1. 讨论

一位中国留学生李某与英国房东一起住。有一天,房东厨意兴起,说要烤一只鸡吃。于是一通忙碌:找来食材,打开菜谱,烤箱预热,严格操作,直到把鸡放进烤箱。由于要烤一小时,房东闲下来就悠悠地去喝下午茶了。烤到40分钟的时候,李同学到厨房倒水,一看,呵,烤鸡金黄油亮香气扑鼻。于是兴冲冲地出来和房东说,鸡烤好了,真香啊。房东不紧不慢地看看表,说,还早呢,得到1小时整才能开烤箱。李同学满腹疑窦,却本着"别人的地盘别人做主"自己不便干预的原则不好说什么。1小时到了,房东打开烤箱。果不其然,可怜的烤鸡已经开始炭化。房东很郁闷,李同学心想,你看吧,早听我的不就好了。于是好言劝房东说,没关系,下次再吃好了,看来以后得看着点儿。不料房东找出一个号码,抄起电话开始拨:喂,烤箱公司吗?你们的烤箱有问题啊,我用你们的烤箱今天做烤鸡,怎么就糊了呢?我用的是×××菜谱,人家可是很有名的菜谱啊!!李同学在旁边听得直发愣,就这样愣着看她打完电话,愣着看烤箱公司的人上门来检查,愣着看他们还真就发现是烤箱的温度控制出了问题,愣着看他们把烤箱修好了。于是,第二次,房东终于依照名菜谱做出了一模一样的烤鸡,大家心满意足地享受。

如果在中国发生这样的事情,会有人打电话向买家或厂家诉求吗?

(摘自 http://blog.sina.com.cn/s/blog_4b6d468a01008frj.html)

2. 你同意下面句子中的说法吗?如果不同意,请修改句子中的措辞,使之变成小组成员都认同的说法。

(1) Foreigners who go to live in a new country should give up their own habits and adapt to the new country as soon as possible.

(2) Many of the world's populations do not take enough initiatives to develop, so they stay underdeveloped.

(3) English should be accepted as the universal language of the world.

(4) Some of the world's populations have not yet reached the higher stages of civilization.

(5) Minority members of any population should conform to the customs and values of the majority.

在异国学习、生活与工作,我们不可避免地要受到文化冲击。在现实生

活中，文化冲击似乎无所不在，比较常见的冲突有隐私方面的、时间观念的、餐饮习俗方面的和生活习惯的。引起文化冲击的主要是因为两种文化不同、语言不同。价值观念的差异、刻板印象和民族中心主义的影响等也是导致文化冲击的因素。

文化冲击一般会经历四个阶段：蜜月期、困惑期、恢复期和适应期。经历文化冲击的四个阶段是个痛苦的过程，但同时也让人学会如何与异国文化的人交往并了解异国文化的方方面面，也让人更加了解自己。文化冲击会带来心理和生理上一些不适，要克服它，必须在出国前就先做好准备，多接触异国文化的人和事物。另外，要学好外语，良好的语言能力在陌生环境中是非常有用的工具。在新文化适应过程中，要注意克服各种心理障碍，勇敢面对文化冲击，积极去适应并批判地接受。

拓展阅读

Culture Shock

Most people who move to a foreign country or culture may experience a period of time when they feel very homesick and have a lot of stress and difficulty functioning in the new culture. This feeling is often called "culture shock" and it is important to understand and learn how to cope with culture shock if you are to adapt successfully to your new home's culture.

First of all, it's important to know that culture shock is normal. Everyone in a new situation will go through some form of culture shock, and the extent of which they do is determined by factors such as the difference between cultures, the degree to which someone is anxious to adapt to a new culture and the familiarity that person has to the new culture. If you go, for example, to a culture that is far different from your own, you're likely to experience culture shock more sharply than those who move to a new culture knowing the language and the behavioural norms of the new culture.

There are four general stages of cultural adjustment, and it is important that you are aware of these stages and can recognise which stage you are in and when so that you will understand why you feel the way you do and that any difficulties you are experiencing are temporary, a process you are going through rather than a constant situation.

The first stage is usually referred to as the excitement stage or the "honeymoon" stage. Upon arriving in a new environment, you'll be interested in the new culture, everything will seem exciting, everyone will seem friendly and helpful and you'll be overwhelmed with impressions. During this stage you are merely soaking up the new landscape, taking in these impressions passively, and at this stage you have little meaningful experience of the culture.

But it isn't long before the honeymoon stage dissolves into the second stage—sometimes called the withdrawal stage. The excitement you felt before changes to frustration as you find it difficult to cope with the problems that arise. It seems that everything is difficult, the language is hard to learn, people are unusual and unpredictable, friends are hard to make, and simple things like shopping and going to the bank are challenges. It is at this stage that you are likely to feel anxious and homesick, and you will probably find yourself complaining about the new culture or country. This is the stage which is referred to as "culture shock".

Culture shock is only temporary, and at some point, if you are one of those who manage to stick it out, you'll transition into the third stage of cultural adjustment, the "recovery" stage. At this point, you'll have a routine, and you'll feel more confident functioning in the new culture. You'll start to feel less isolated as you start to understand and accept the way things are done and the way people behave in your new environment. Customs and traditions are clearer and easier to understand. At this stage, you'll deal with new challenges with humour rather than anxiety.

The last stage is the "home" or "stability" stage—this is the point when people start to feel at home in the new culture. At this stage, you'll function well in the new culture, adopt certain features and behaviour from your new home, and prefer certain aspects of the new culture to your own culture.

There is, in a sense, a fifth stage to this process. If you decide to return home after a long period in a new culture, you may experience what is called "reverse culture shock". This means that you may find aspects of your own culture "foreign" because you are so used to the new culture that you have spent so long adjusting to. Reverse culture shock is usually pretty mild— you may notice things about your home culture that you had never noticed before, and some of the ways people do things may seem odd. Reverse culture shock rarely lasts for very long.

参考文献

Davis, L.：《中西文化之鉴》，北京：外语教学与研究出版社，2001年。

窦卫霖：《跨文化商务交际》，北京：高等教育出版社，2006年。

樊葳葳、陈俊森、钟华：《外国文化与跨文化交际》，武汉：华中科技出版社，2008年。

房玉靖、姚颖：《跨文化交际实训》，北京：对外经济贸易大学出版社，2010年。

黄远卿：《跨文化交际中反文化冲突原因及策略探究》，《长江大学学报》2010年第8期。

贾继南：《浅谈文化冲突与跨文化交际》，《内蒙古民族大学学报》2010年第7期。

吴为善、严慧仙：《跨文化交际概论》，北京：商务印书馆，2010年。

第五单元
文化价值观与跨文化交际障碍

> People can only live fully by helping others to live. When you give life to friends you truly live. Cultures can only realize their further richness by honoring other traditions.
>
> — Daisaku Ikeda

　　文化价值观是文化中最深层的部分，也是跨文化交际的核心。它支配着人们的行为、举止、态度和信念。中西文化属于两种不同的文化体系，在价值观念方面存在许多差异。正是这些差别使中西跨文化交际遇到各种问题和矛盾。因此，在比较中学习中西文化价值观对尊重他国文化，提高跨文化交际能力有很大的帮助。本单元还将简要介绍几种影响较大的文化理论。

知识要点
1. 文化价值观的定义
2. 中西文化价值观的差异
3. 霍夫斯泰德的四个文化维度
4. 克拉克洪和斯乔贝克的六大价值取向理论
5. 霍尔的高语境和低语境文化

能力目标
1. 掌握中西文化价值观的差异
2. 运用四个文化维度的知识分析现实生活中的文化冲突

（语境：美国经理Jones当众表扬日本员工Sugimoto工作做得很棒，本以为Sugimoto会很高兴地接受，却没想到……）

美国人：Sugimoto先生，我发现你工作干得很出色，希望其他员工能知道你是怎么做到的。

日本人：（有些不安）表扬就不必了，我只是做了自己该做的而已。（他真希望其他同事没有听到他们的对话）

美国人：你是我们公司所见到的最优秀、最杰出、最勤奋的员工。

日本人：（他脸红了，不住地点头，仍然埋头工作。）

美国人：Sugimoto先生，你是该说"谢谢"呢，还是只保持沉默？

日本人：对不起，Jones先生，我可以离开5分钟吗？

美国人：当然可以。（他有点不悦地看着Sugimoto走出去）真不明白这个人怎么这么没礼貌？表扬他，他好像很不安，也不回答你，只是静静地听着。

（案例来自：窦卫霖.《跨文化商务交流案例分析》）

分析：从此案例的对话中可以看出，Jones认为当着其他人面表扬Sugimoto是对其工作和能力的肯定。Sugimoto应该高兴地接受，不应该扭扭捏捏，感到不好意思，更不应该没有致谢就一言不发地走掉，这是非常不礼貌的做法。美国人的个体的价值观驱使Jones实施这一言语行为（因个人业绩突出而受到上司表扬是一种典型的美国式做法）。因此，他认为受到表扬的日本员工应该为自己感到自豪，并致以谢意。因成绩而得到了认可，是实现自我价值的充分表现。可Jones不了解日本人与美国人之间的差异，他想通过鼓励个人创新、提倡竞争，以达到高效的生产。日本是个典型的集体主义国家，在日本个人要忠实于集体；集体内部的成员要团结一致，不能突出个人成绩。所以,当 Jones 表扬 Sugimoto 时,他才会感到如此不安。Jones 和 Sugimoto 的交流失败,主要原因在于彼此对双方的文化了解不深,更主要的是交际双方对个人与集体关系的看法不同。

一、文化价值观

何为文化价值观?在现实生活中,人们的行为举止都体现着各地社会的群体价值观念,如美国人富有冒险和创新精神,崇尚标新立异,强调个人价值的实现,善于展示个性。而在中国,这样的行为可能被认为"爱出风头"。因为中国社会崇尚群体取向,凡事以集体利益为重,包括国家、社会、家庭,必要时要牺牲或忽略个人利益。所以,中国的"树大招风""锋芒毕露"等成语是人们用来批评、指责、劝诫等常用语。这些对中美社会价值观真实写照的用语影响人们的行为举止。若不了解这些行为背后隐含的价值观,两国人们在交际时必定产生碰撞和冲突。

美国人类学家 Clyde Kluckhohn 在给文化下定义时指出:"文化基本核心由两部分组成,一是传统(即从历史上得到并选择)的思想,二是与人类有关的价值观。"价值观在跨文化交际中是一个至关重要的核心问题,中国跨文化研究学者胡文仲(1998)也指出:"不了解价值观方面的差异,就不能真正理解跨文化交际。"

越来越多的研究表明,价值观是一个比较抽象的概念,看不见,摸不着,但它却无处不在。许多学者对这一概念进行了界定,下面是一些有代表性的定义(转引自贾玉新,1997):

(1) Geert Hofstede:价值观是喜欢某种事态而不喜欢另一种事态的大致倾向;

(2) Clyde Kluckhohn:价值观是个人或群体所特有的一种显性或隐形地认为什么是可取的观念,这一观念影响人们从现有的种种行动模式、方式和目的中做出选择;

(3) Samovar 和 Porter:价值观通常是规定性的,告诫人们什么是好的和坏的,什么是正确的和错误的,什么是真实的和虚假的,什么是正面的和反面的,等等。

文化价值观的确定可为人们对日常生活所遇到的各种境况提供行动的指南。人们对什么是值得为之献身的、什么是值得保护的、什么是应该学习的、什么是应该耻笑的等关键事件/事物做决定或选择时,他们的文化价值观会对他们产生较大的影响。从以上所引用的定义可以看出,文化价值观是指导人们的看法和行为的准则,因而对人类的活动起着指引性或规定性的作用,是人们行为的准则,思维的方式,道德的标准,处世的态度,更是人们用来解决跨文化交际所碰到的问题及如何做决策的依据。

二、文化价值观与跨文化交际的关系

文化价值观与人际交往行为之间是相互依存的关系。一方面,人们的交际行为反映和传递了其价值观。我们从人们的言谈举止中往往可能看出他们的价值观。另一方面,价值观支配着人们的交际行为,是人们在交际过程中处事的方式和准则。以中国人为例,"和谐"是中国文化最主要的价值观之一,这种观念给中国人设定了以下行为准则:自制,不直接拒绝,给别人面子,礼尚往来等(靳娟,2010)。在语言交际中,中国人经常以委婉含蓄的方式表达自己的意思。为避免冲突,我们还违背内心的意愿去接纳一些明明不想做的事或不喜欢的东西。即使自己极为不情愿,也会以隐晦的方式拒绝,而不直接说"不",力求为对方保留面子。这种模棱两可的态度常常让西方人感到十分不爽,他们觉得中国人令人难以捉摸。而他们却喜欢直截了当地表达自己的意思,他们认为坦诚相待是非常重要的观念。

不同的价值观也决定了不同的礼貌标准。中国人在"和谐"道德规范的制约下,往往对任何事情/事物都会极力表现热情关心。他们认为这才是礼貌的表现,而注重自主的美国文化,则认为尊重他人的行为才是有礼貌的。如,中国人在招待客人时,总是不断劝食,为客人添菜,认为这样才是待客之道,而美国人只会在刚开始礼貌性地问一次,或只说一句"help yourself",就不干扰客人用餐了。再如中国人十分注意谦逊,对别人的赞美总是显得诚惶诚恐,不敢大方接受,西方人在这种情况下往往也无法理解,这些都是因为双方背后的价值观不同,决定了人们的交际方式和行为方式。

价值观并非人们生来就拥有的信念,而是在后天学习的过程中逐渐获取的。通过父母的言传身教、学校的教育,邻居、同学、朋友的影响,还有报刊、电视、广播的影响下而慢慢形成的。价值观一旦形成,就具有相对的稳定性和持久性。中国人孝字当头,在传统的家庭观念中,传宗接代、孝敬父母是每一个中国人都应该做到的。这种价值观念延续了2000多年,至今仍为人们所推崇。不过价值观也并非一成不变。随着社会政治经济发生巨大变化,人们的价值观也往往随之改变。中国唐朝追求以胖为美,现代中国却崇尚以瘦为美。古代认为女子无才便是德,现在人们追求男女平等等。如果长期在另一种文化中生活,也有可能受到该文化价值观念的影响而发生对母文化价值观的动摇和改变。有许多在美国生活十几年后的中国人,可能更适应和喜欢美国的生活方式、社交规则和社会习俗。

1. 下面的习语反映了哪些文化价值观?

(1) Blood is thicker than water. 血浓于水。

(2) Haste makes waste. 欲速则不达。

(3) A man's home is his castle. 男人的家就是他的避风港。

(4) Think three times before you take action. 三思而后行。

(5) Modesty makes you progress; conceitedness makes you lag behind. 虚心使人进步,骄傲使人落后。

2. 阅读下面案例,回答问题。

Jean Safari was investigating a serious error made by a Japanese worker at the Japanese subsidiary of a US multinational. A component had been inserted upside down and the entire batch had been pulled out of production to be reworked. The cost of this was high.

Jean asked the Japanese plant director about which employee had made the error. Had she been identified? What action was being taken against her? She was amazed when the director claimed not to know. "The whole work group has accepted responsibility," he told her, "As to the specific woman responsible, they have not told me, nor did I ask. Even the floor supervisor does not know and if he did, he would not tell me either."

But if everyone is responsible then in effect no one is, Jean argued, they are simply protecting each other's bad work.

"This is not how we see it." The plant manager was polite but firm, "I understand the woman concerned was so upset when she went home. She tried to resign. Two of her co-workers had to coax her back again. The group knows that she is new and that they did not help her enough, or looks out for her or see that she was properly trained. This is why the whole group has apologized. I have their letter here. They are willing to apologize to you publicly."

"No, no. I don't want that," said Jean. "I want to stop it happening again..." she wondered that she should do.

Questions:

1. Should Jean insist on identifying the woman who made the error?

2. Should the woman be punished and leave the work group?

3. What do you think is the best solution to Jean's dilemma?

An American university student Tom is active in a foreign student club at his university and has several good friends from different countries. One of them tells Tom his parents and sister will be visiting, and he asks Tom if he would like to meet them.

Tom invites all of them to visit his home one afternoon. They arrive and present him with a nicely wrapped gift. Tom tells them they shouldn't have brought anything, but thanks them and proceeds to open the gift, which turns out to be a very pretty vase from their country. He thanks them again. He senses some awkwardness and realizes that he has not offered them anything to drink. "Would you like coffee or tea or a soft drink?" he asks. They all refuse. Things seem more awkward now. But he talks a little of their country, about studies at the university, about the cost of living, and eventually the father whispers something to his son. "I think we must be leaving to return to the hotel," he says. Everybody stands up, shake hands, and they start to leave. "Please come and visit again," Tom says as he stands and watches the family walk to the door, open it, and disappear down the hall.

Two days later, in a very indirect way, Tom learns from another friend that the visitors thought he was a rude host.

Questions:

1. How can you explain the fact that Tom is misunderstood when he actually wants to be kind and friendly to the visitors?

2. Why was Tom considered a rude host by his visitors? Try to figure out at least three of the following things Tom did that were regarded to be impolite.

A. Tom invites them to visit his home but does not invite them for dinner with him.

B. Tom opens the gift as soon as he gets it.

C. Tom thanks them only twice for the gift.

D. Tom thanks them not to make a second offer of drinks after their first was declined.

E. Tom talks about the cost of living in the U.S.A..

F. Tom does not ask them to stay longer when they refuse the first.

G. Tom does not go out to see them off.
H. Tom does not promise to return them a visit later.

一、中西方文化价值观比较

价值观有助于我们理解不同文化语境下人们行为上的共同点和差异性。人们所处的自然环境和社会环境决定着人们的价值观念,而中西方国家无论是在自然环境还是在社会环境都存在着许多不同之处,在价值观上必定也存在很大差异。

（一）人天取向

人天取向：究竟是"天人合一"还是"天人相分"？

中华文化强调人与自然的和谐统一,主张"天人合一"。天人合一是指人们对自然规律的顺从和对自然的崇拜。人们认为自然中日夜交替、季节变换与人们的生活和活动周期都是一致、协调的,一切都处在不断循环往复之中,并与自然和谐统一。"天人合一"是中国古典哲学的根本观念之一,与"天人之分"说相对立。所谓"天"有两种说法,一种观点包含如下内容：(1) 天是可以与人发生感应关系的存在；(2) 天是赋予人以吉凶祸福的存在；(3) 天是人们敬畏、侍奉的对象；(4) 天是主宰人、特别是主宰王朝命运的存在（天命之天）；(5) 天是赋予人仁义礼智本性的存在。另一种观点则认为"天"就是"自然"的代表。

因此,"天人合一"至少有两层意思：一是天人一致。宇宙自然是大天地,人则是一个小天地。二是天人相应,或天人相通。也就是说,人和自然在本质上是相通的,故一切人事均应顺乎自然规律,达到人与自然和谐。汉语中有许多成语就反映了这种态度,如"谋事在人,成事在天""天时地利人和""吉人天相"等。和谐是"天人合一"理念的核心内容。中国人追求人与自然和谐的案例很多,如中国古代的风水学和园林艺术,追求人与自然浑然无痕的境界与意趣。人与人之间也要和谐,因此,中国人崇尚尊老爱幼、亲仁善邻、安分守己、谦虚谨慎,以避免冲突。

远古的祖先在创造文字时,就已同时创造了一种思维方式、价值观。语言文字一旦形成,文字的书写、词语的排列便成为这种思维方式、价值观的载体。后人使用这些文字,就是在使用着这些文字蕴涵的思维方式,接受它的价值观。"天人合一"与其说是一种哲学思辨,毋宁说它更是一种人生境界。这一点不但体现了中西传统哲学之间的不同,而且也体现了中西传统文化之间的差异。

传统中国的"天"是形上层面的"德性之天",而西方的"天"是经验世界中"自然之天",这是中西方在其主流文化上所表现出的差异。西方哲学家从古代起就开始认为世界上的万物都是对立的。在人与自然的关系上,西方文化倾向于把宇宙分成两个截然不同的世界,天人相分,二者对立。人们要不断地应对自然的挑战,同时也要挑战自然,以追求人类的生存与发展。这种天人相分的理念使西方人不相信天命,而相信依靠自己的努力与抗争,才可以得到自己想要的东西和地位。中国在其发展的特定时期,革命"样板戏"中所宣传"人定胜天"的人生观盛行,影响了不少中国人。

同传统中国文化正好截然相反,西方文化强调的是对科学真理的追求。罗素曾经指出:"中国有种思想极为根深蒂固,即正确的道德品质比细致的科学知识更为重要。"如果说传统中国文化是伦理道德优先的"德性文化",那么,西方文化就是科学优先的"智性文化"。换言之,中国传统价值观下道德化的社会生活导致了中国人侧重道德情感。而西方价值观下科学化的理性分析则致使西方人侧重知识理性在主客对立关系中的科学建构,这种主客体对立就是所谓"天人相分"。因此,西方文化中的"天"从来就不是一种道德情感寄托的内在信仰,而是科学理性研究的对象。

西方文化的出发点是个人主义的。西方人的价值观突出个人自由和个人权利,提倡个性解放,宣扬个性独立,完善个人人格。人的自我意识最终决定人的行为,及其对周围环境的应变能力。相对于传统中国文化,西方人富有主体意识和创造性,中国社会"人"大多缺乏主体意识。

中西文化的差异带来的并不总是分歧,有时候是相互融合。西方社会在深刻反思近代科技发展带来的各种弊端后,正走向"人与自然(天)的和谐共生"。如能理解各民族的文化特征,不仅会给各个民族,而且也会给整个世界带来一种更具包涵意义的和谐与美丽。

(二) 人际取向

人际取向:究竟是"集体主义"还是"个人主义"?

区分中西方价值观最重要的标志之一就是人们对群体和个体的不同取向。中国文化是典型的集体主义文化,主要表现在两个方面:群体取向和他人取向。群体取向提倡凡事要以家庭、社会和国家利益为主,必要时要忽略、牺牲个人利益,强调个人依赖社会对其社会地位与声誉的认同和社会对其需求的认可。

中国人自古强调群体价值,这也与在中国长期以来占据统治地位的儒家思想有密切联系。儒家极力推崇社会的有序与和谐,提倡个人对群体的忠诚和责任。孔子倡导"天下兴亡,匹夫有责",强调的是个人与国家的关系。范仲淹也提出要"先天下之忧而忧,后天下之乐而乐"。在家庭关系方面,古人云:百事孝为先。孝敬父母,尊老爱幼被视为中国传统美德。在处理个人与集体或环境的关系方面,人们被要求做到"循规蹈矩""既来之,则安之""安分守己",要避免"锋芒毕露""树大招风",因为在中国"人怕出名猪怕壮""枪打出头鸟""木秀于林风必摧之"。他人取向表现在中国人做事讲话常常考虑别人的看法,看别人脸色,重面子。逢人说好话,有时甚至说假话,处世圆滑,特别在言行上不愿得罪别人,常常扮演"老好人"的角色。中国人主张"以和为贵""审时度势";即便他人占了自己的便宜,有时还得赔着笑脸,迎合了"伸手不打笑脸人"一说。

群体取向的影响有积极的也有消极的。从积极的方面看,中国人有谦虚谨慎、互相依靠、互相帮助的美德。一方有难,八方支援的佳话在任何时期都不难找到佐证,如2008年四川汶川大地震后,全国人民对灾区的支持充分展示了这一点。从消极的方面看,中国人的群体取向可能会使人们缺乏个人竞争意识和创新意识。当然,随着社会的进步,与我们对外开放的不断深入,两种取向并存的现象也逐渐多了起来。

西方国家的人,特别是美国人,极度崇拜个人主义。他们强调个人行动的自由,并总是希望通过个人奋斗来满足自己的欲望,实现个人的成功,体现个人的价值。简言之,西方传统价值观念强调个人主义,以个人幸福为整体目标,个人权利高于一切。英语中大量以 ego 和 self(自我)组成的词组就体现出这种观念的影响,如:egocentric(自我中心的),ego ideal(自我理想化),ego trip(追求个人成就),ego-defense(自我防御);self-control(自我控制),self-confidence(自信),self-made(靠个人奋斗而成功的),self-reliance(自立),self-fulfilling(自我实现),self-help(自立),self-image(自我形象),self-interest(自身利益),self-protection(自我防护),self-respect(自尊),self-seeking(追求个人享乐的)等等。

英语中表现个人进取、个人力量、个人与命运抗争的谚语也不少,如:God helps those who help themselves. You have to blow your own horn. 等等。美国人追求个性差异,喜欢独辟蹊径,标新立异,但这种个人主义不代表自私自利,不顾他人,是一种提倡自我奋斗,积极进取,锐意创新的精神。

西方文化价值观决定了人们重视自主和独立。在美国老年人一般很少接受别人的搀扶;而小孩从小受到的教育就是独立地去面对问题和解决问题。而中国的文化非常强调邻里间、朋友间、集体成员间的互帮互助,希望在友好、和谐的社会氛围中相处。

(三)行为取向

行为取向:究竟是"求稳"还是"求变"?

自古以来,中国人在儒家思想的影响下,追求"统一"和"稳定"。群体取向也决定了中国人选择"求稳"。中国人习惯"相安无事""知足常乐",主张"顺其自然""安居乐业""以不变应万变"等。他们更喜欢选择稳定的工作,追求所谓的"铁饭碗",如:公务员,教师,医生等职业。

一旦求到稳定的工作,人们就会按部就班,轻易不会背井离乡。国家稳定、家庭和睦的观念已根深蒂固地扎在中国人的心目中。很多人一辈子可能只做过一样工作,而从未离开过家乡。中国人的"求稳"心态还反映在人们不敢轻易挑战权威的看法;大多数人追求大同,随大流,缺乏创新精神。

以美国为代表的西方文化与中国文化形成了鲜明的对比。西方文化的真谛就在于"求变",核心思想是"无物不变",而且变化永不停止。美国人不满足于已取得的成就,不断打破常规,不断创新,热衷于冒险探索;他们的"求变"还表现在生活各方面的流动。不管是职业选择,事业追求,社会地位还是居住地域,他们都在频繁地流动。一个大学教授可能会辞职成为一名油漆匠,一个警察也可能改行当律师,多数人都愿意尝试不同的角色,不妥协于一成不变的生活方式。

微软公司的创始人比尔·盖茨中途辍学,创业成功,正是美国人追求个人奋斗,实现自我价值的典范。许多在中国教英文的外教也是为了体验和追求不一样的生活方式而来的。对于西方文化来说,没有改变就没有进步;没有创新就没有成就;没有发展就没有未来。

(四) 时间取向

时间取向:究竟是"过去"还是"未来"?

中国是个有着五千年悠久历史的文明古国,中国人向来以历史、祖先为荣。因此,中国文化中有关时间的观念是环式的、向后的,且更注重过去。过去的经验和教训常常作为现在行事成败的重要参考,传统的思想规则、方法等一直延续至今。人们在做事情时通常要考虑这个事情过去有没有人做过,有什么成功经验和失败教训,因为人们喜欢引经据典、追本穷源。人们崇拜祖先、敬老尊师,有"不听老人言,吃亏在眼前""前无古人,后无来者"的说法。所有这些都与"过去"有关。

环式时间观念认为,时间是不停运动的圈,时间的变化协调于自然状态,如昼夜的交替、季节的往复、月份的轮流、年龄的更迭、植物的周期生长、农时劳作的更替都是圆周式、周而复始的周期性循环运动。"日出而作,日没而息"是千百年遗留下来的生活方式,至今仍在许多地区盛行。

环式时间观使中国人在总体上有时间充裕感,做事慢慢来是一种主要倾向。人们在日常寒暄中有许多表达以"慢"字当头。告别时,人们说"慢走",日常交往中,人们经常使用"慢慢喝""慢坐""慢慢来"等。人们相信失去的东西还有时间补救,所谓"失之东隅,收之桑榆"讲的就是这个道理。

西方文化中的时间是线性的、向前的。人们着眼于未来,向前看,并认为时间是有限的。西方人把时间看作是一条直线,"时间就好像一条从源头直奔入海口不断流动着的河流",一旦流逝便无法挽回,再如英语中的习语 Time and tide wait for no man.(时不我待)这种时间的紧缺意识使人们把精力和注意力都放在了对未来生活的规划与实现上。

在对时间的重视程度上,中西方也有着明显的差异。霍尔曾经指出,美国人对待时间就像对待物品,赚得它、花费它、节省它、浪费它。人们的整个生活完全受制于严格、精确的时间安排。Time is money(时间就是金钱),这是大多数美国人的信条。美国人守时,登门拜访一般按照约定的时间到场,不迟到,也不早退。

技能训练

1. 观看电影《刮痧》,讨论影片中所体现中美文化的差异。可以从中美的思维方式、法律文化、道德规范等角度去分析。

2. 阅读下面案例,回答问题。

During the American Civil War, a very hungry young man fell down in front of a farm gate, the farmer gave him food but in return he asked the young man to move a pile of wood in his yard—in fact it was not at all necessary to move the wood. When the young man left, the farmer moved the wood back to its original place. Seeing all this, the farmer's son was confused.

Questions:
1. Why did the farmer do that?
2. What values are reflected in this story?

二、文化价值观的维度

（一）霍夫斯泰德的文化维度模式

霍夫斯泰德(Geert Hofsted)关于文化的观点源自其所做的文化差异的实验性研究。20世纪70年代，IBM公司想在全球各工厂建立一套共同的管理程序和标准，但因为不同国家（如巴西和日本）的管理程序和标准存在很大差异，所以，需通过一些实证研究来找到客观的依据。霍夫斯泰德通过采访和问卷调查发现，这些差异在很大程度上与员工所在国家的文化有关系。因此，他把文化描述成是"人的头脑中的一种集体共有的程序，它能将一类人与其他人区分开来"。

经过几轮研究，他把文化差异归纳为四个基本的维度。他指出：所有的差异都可追溯到基本维度中的一个或几个。这些维度是：权力距离、个人主义/集体主义、男性化社会/女性化社会和不确定性规避。

1. 权力距离

权力距离(power distance)与等级有关，指人们能够接受组织或机构内权利在各成员之间不平等分配的程度。权力距离大的文化成员把权力视为社会的基本因素，强调强制力和指示性权力。霍夫斯泰德发现中国、马来西亚、韩国、巴西、墨西哥、印度尼西亚、巴基斯坦、印度和日本属于高权力距离国家。在这些国家，人们尊重权威，领导总是高高在上，下属凡事都要向上司请示，才敢进一步行动。人们非常注重头衔、地位、礼节、性别和年龄的差别，正如孔子所云：君君臣臣父父子子。其含义是君王要像个君王，臣下要像个臣下，父亲要像个父亲，儿子要像个儿子，每个人都要做符合自己身份的事，说适当的话。在中国，称呼地位高或年纪大的人一般要用他们的头衔，或用"您""贵"等字眼开头。儿女要顺从父母，年幼者要尊重年长者，学生尊重老师，下属服从上司，等等。

澳大利亚、新西兰、美国、丹麦、瑞典和芬兰等国家属于低权力距离的国家。在这些国家的文化中，上级和下级关系比较随意，领导往往不会摆架子，彼此用名字相称。就算是总理，首相也跟普通人一样。大家过着一样的生活。都会去菜市场，去电影院，去超市，去银行。人与人之间的距离比较平等。在公司里面，人际沟通更富有灵活性，人们更注重专业能力。以下是霍夫斯泰德关于权力距离研究的指数表：

表 1　世界各主要国家和地区的权力距离指数表

国家和地区	分数	国家和地区	分数
马来西亚	104	韩国	60
菲律宾	94	伊朗	58
俄罗斯	93	中国台湾	58
墨西哥	81	西班牙	57
阿拉伯国家	80	日本	54
中国大陆	80	意大利	50
印尼	78	美国	40
印度	77	加拿大	39
新加坡	74	荷兰	38
巴西	69	德国	35
法国	68	英国	35
中国香港	68	新西兰	22
泰国	64	奥地利	11

2. 不确定性规避

不确定性规避（uncertainty avoidance）是指组织或群体面对不确定性时所感受到的威胁以及试图通过制定安全规则和其他手段来避免不确定性的程度。霍夫斯泰德的调查表明，不同民族文化之间在不确定性状态的回避倾向上有很大的不同，有的民族把生活中的未知、不确定性视为大敌，千方百计加以避免，而有的民族则采取坦然接受的态度。美国、英国、丹麦、印度和瑞典比较能容忍模糊和不确定的情况，能接受偏理性的思想和行动。

在美国，人员流动性非常高，跳槽率也很高，美国人富有冒险精神，勇于打破常规，尝试新的东西，创新意识较高。而希腊、日本、葡萄牙、法国、秘鲁，是较不能容忍模糊性和不确定性的文化。而在日本，曾经非常盛行终身雇佣制，强调就业稳定，给员工带来极大的安全感和稳定感。不确定性规避的指数结果如下图所示。

表 2　世界各主要国家和地区的不确定性规避指数表

国家和地区	分数	国家和地区	分数
俄罗斯	95	伊朗	59
日本	92	荷兰	53
法国	86	新西兰	49
西班牙	86	加拿大	48
韩国	85	印尼	48
墨西哥	82	美国	46
巴西	76	菲律宾	44
意大利	75	印度	40

续表

国家和地区	分数	国家和地区	分数
奥地利	15	马来西亚	36
中国台湾	69	英国	35
阿拉伯国家	68	中国大陆	30
德国	65	中国香港	29
泰国	64	新加坡	8

3. 个人主义/集体主义

个人主义/集体主义(individualism/collectivism)维度表示个人与群体间的关联程度。个人主义文化注重个体目标,人与人之间的关联较松,人们只关心自己和与自己较亲近的人。反之,在集体主义文化里,人与人之间倾向于形成一个凝聚力很强的整体,人们把他人按照圈内成员(in-group)和圈外成员(out-group)进行区分。人们也期望得到团体的眷顾。

在集体主义文化中,人们感到和家人联系紧密并且要对家人负责任,而且更喜欢把自己看成是不同团体中的一分子。霍夫斯泰德曾就40个国家和地区的个人主义取向做过调查和比较,结果表明,美国社会中的个人主义取向居第一位,日本居第22为,中国香港居37位,可见中西方在个人主义取向方面的差异相去甚远。

表3 世界各主要国家和地区的个人主义指数表

国家和地区	分数	国家和地区	分数
美国	91	俄罗斯	39
英国	89	阿拉伯国家	38
加拿大	80	巴西	38
荷兰	80	菲律宾	32
新西兰	79	墨西哥	30
意大利	76	马来西亚	26
法国	71	中国香港	25
德国	67	中国大陆	20
奥地利	55	西班牙	20
新加坡	51	泰国	20
印度	48	韩国	18
日本	46	中国台湾	17
伊朗	41	印尼	14

个人主义文化强调自我和个人的成就,与集体、社会的关系松散,相互依赖程度弱。美国、英国和澳大利亚属于典型的个人主义社会。这种个人主义反映在生活的各个方面,如在美国家庭中,婴儿总是被单独放在一个房

间,不和大人一起睡。孩子长大后一般也不和父母住在一起。人们十分注重自己的隐私,一般不轻易过问别人的私事。

中国、韩国和日本属于典型的集体主义国家。集体主义强调社区或集体的和谐,与集体、社会联系紧密,相互依赖程度强。在中国,不管是结婚、找工作还是选择专业,人们都会考虑父母、或其他亲朋好友的意见,有些甚至是由父母安排或决定的。

4. 男性气质/女性气质

男性气质/女性气质(masculinity/feminity)维度主要强调的是传统的男性气质价值观,如攻击性、竞争、权力、地位和影响力。与此同时,还强调女性气质价值观即人际关系的和谐、个人欲望的满足和幸福。在男性气质价值观较强的社会,人们更看重物质追求和享受社会地位、权力,通常性别歧视也比较严重。在男性气质价值观中,男性拥有更多社会资源和权力地位,担任着社会要职;而女性的生活通常受到男性的支配与控制,甚至被要求留在家里照顾孩子,当家庭主妇。

典型的男性气质文化国家包括日本、奥地利、墨西哥、德国、阿拉伯国家等。在女性气质价值观为主的社会,人们强调男女平等团结,反对性别歧视;人们也比较重感情和人际关系的协调。以女性气质文化为主的国家有智利、丹麦、芬兰、荷兰、瑞典、西班牙和葡萄牙等国。人们认为生活中最重要的不是物质上的占有,而是心灵的享受和沟通。对于生活,人们认为"工作就是为了生活"。

表4 世界各主要国家和地区的男性气质指数表

国家和地区	分数	国家和地区	分数
日本	95	加拿大	52
奥地利	79	马来西亚	50
意大利	70	巴西	49
墨西哥	69	新加坡	48
德国	66	印尼	46
英国	66	中国台湾	45
中国大陆	66	伊朗	43
菲律宾	64	法国	43
美国	62	西班牙	42
新西兰	58	韩国	39
中国香港	57	俄罗斯	36
印度	56	泰国	34
阿拉伯国家	53	荷兰	14

(二) 克拉克洪和斯乔贝克的价值取向理论

美国人类学家克拉克洪和其学生斯乔贝克(Kluckhohn & Strodtbeck, 1961)是较早提出文化理论的学者。第二次世界大战后不久,克拉克洪等人受到洛克菲勒基金会资助在美国不同的文化和种族社区展开了一项大规模的研究。他们的研究成果之一就是提出了六大价值取向理论来解释不同文化的具体差异。这一成果发表在《价值取向的变奏》一书中。他们认为,不同文化中的人群对人类共同面对的六大问题的观念、价值取向和解决方法就能体现这些群体的文化特征,从而将不同的文化区分开来。这六大问题是:人与自然的关系、人的本质、时间取向、人的活动取向、人类之间的关系形态、空间概念。对每一个问题,该模式提供了三种解决方案,也就是价值取向(见下表),涉及了著名的价值取向量表(靳娟,2010)。

表5 克拉克洪和斯乔贝克价值观类型表

价值观维度	变化类型	变化类型	变化类型
人与自然的关系	控制	和谐	屈从
人的本质	善	混合	恶
时间取向	过去	现在	未来
人的活动取向	及时行乐	控制	成就
人类之间的关系形态	个人主义	群体	等级
空间概念	公开	混合	私密

1. 人与自然的关系

在人们对自身与外部自然环境关系的看法上,不同文化之间也有很大的差异。有的文化认为,人可以驾驭自然,控制自然(如美国和加拿大文化)。美国人强调的是人通过改变自然环境去实现自己的创作意图,达到自己的目标。美国每年花费上亿美元研究各种顽症,因为他们相信可以找到病因和治疗的办法,最终消除这些疾病。因此,人主导环境是美国文化的特色。

另一种文化认为,人与自然应该和谐共处,最典型的代表就是中国。很多中国人讲究"风水",他们认为事物的布局摆设得先看风水才能决定。很多古代的园林建筑都非常讲究亭子、假山、流水、小路的设计,必须相互映衬。此外,房子的朝向、形状等也都得与周围的自然环境相和谐,那样才能人丁兴旺、生意兴隆。而人与环境和睦相处即为中国文化的特点。中国的医学也印证了人与自然要和谐的价值观。这样的价值取向影响人们的思维方式和对事件的反应。还有一些文化认为人受制于自然,自然是不可战胜的,人必须屈从于大自然。在某些美国印第安文化中,他们认为只有善待大自然,它才会善待人类。他们对自然存有爱护、尊重、敬畏和害怕的心态。

2. 人的本质

不同文化中的人们对人性的看法差别很大。中国人受儒家学说影响,认为"人性本善"。《三字经》的第一句话就是"人之初,性本善,性相近,习相远"。古代孟母三迁的故事也说明了人的本性是向善的。

然而,中国人认为人性是会随着人与社会的接触而改变的,有可能变恶。正因如此,才有法律、规矩等对人性进行约束和规范。然而,我们在今天的中国,下面这个故事听起来也不新鲜。有一位月薪2000元的爸爸给自己女儿买了个iPhone 6plus 64G,花了7000多元。爸爸满足了女儿的心愿,但从头到尾没有笑过。事实上,今天有一部分孩子既要美国式的自由又要中国式的宠爱,却没有美国孩子的自立,又失去了中国传统的孝道。他们索取太过随意和天经地义,甚至理直气壮。其实,人生可以追求,但切莫攀比。虚荣心,人们在不同时期可能都有过,但要获得任何满足还得靠自己。

西方人受基督教影响,崇尚"原罪说",认为"人性本恶"。基督教的原罪说反映的是人性恶的理念,鼓励人类通过忏悔和行善等方式洗脱罪孽、升上天堂。西方人的本质观念反映的是人性可变的信念。美国文化对人性的看法比较复杂,美国人不单纯地认为人生来善良或生性险恶,而认为人性可善可恶,是善恶混合体。

3. 人的时间取向

身处不同文化中的个体对时间的看法更加表现出文化差异。如上文所述,人们对时间的看法主要涉及两个层面。一个是关于时间的导向,即一个民族和国家是注重过去、现在还是未来。另一个是针对时间的利用,即时间是线性的(应在一个时间里做一件事),还是时间是非线性的(在同一时间里可以做多件事)。

中国文化更关注过去和现在。中国人对历史文化十分重视,不管人们做什么事都喜欢从过去的经验中学习总结教训。美国文化则很少关注过去,基本着眼现在和未来。这种差异可以从中美两国创造的文学、电影和艺术作品中稍见端倪。美国人擅长编写科幻小说、科幻电影,其中对于未来的假想可谓登峰造极。中国少见科幻艺术。相反,中国比较重视历史,这就是为什么中国的电视频道充斥了古装电影或关于各种历史事件的电视连续剧,这些都是怀旧的具体表现。

将时间看成线性与否是区分文化的重要因素。美国人、德国人倾向于把时间看成是线性的,一段时间内做一件事,做完一件事后再做另一件事,一心不会二用。而且每件事都应该在事先规定的时间内完成。他们把时间看作是一种非常紧缺的资源,"时间就是金钱",凡事讲究效率,不喜欢无故拖延时间或浪费时间。相反,印度人、希腊人、西班牙人、意大利人等其他一些国家的人则把时间看成是非线性的,一段时间内可以做多件事,不必按部就班有板有眼地按时间表行动,而必须随机应变根据当时的情况及时调整时间,不让自己成为时间表的奴隶,如印度人极少按时赴约,迟到半小时是非常普遍的事。

4. 人的活动取向

人的活动取向是指一个文化中的个体是否倾向于不断行动。不同文化对人的活动取向的看法也大相径庭。美国社会是一个相当强调行动的社会,人必须不断地做事,不断地处在动之中才有意义,才有创造价值。这种文化导向要求人们不仅要动,而且要快。美国人创造的快餐食品,速递公司,也都是行动导向文化的产物。美国人工作非常勤奋,希望依靠自己的努力成就而得到晋升和其他形式的认可。

然而,在许多亚洲社会里,静态取向的安然耐心仍然被视为美德之一,如中国人提倡"随遇而安""以不变应万变"等,强调无为而治。所以,当美国人发现问题的时候,总是倾向于立即找出解决办法,然后实施;而中国人有时会选择静观其变,什么也不做,让时间和外界环境自然成熟,再抓时机解决问题。这样的观念很难被美国人接受。墨西哥人和西班牙人则是存在取向。他们生活节奏缓慢,强调及时行乐。人们工作后喜欢到酒吧与朋友相聚,喝酒聊天。

5. 人类之间的关系形态

不同文化中的人对自身与他人之间关系的看法也很不相同。中国人和日本人是典型的集体主义文化,他们把个体看成是群体的一员,个人不可以离开群体而存在。个人不应有与他人不太相同的特征,应该尽量合群。他们看重的是群体的和谐、统一和忠诚。一个人如果个性太张扬,太与众不同,就可能遭排斥,而变得与周围环境格格不入。所谓"枪打出头鸟""树大招风"说的就是这个道理。

在个人利益与群体利益发生冲突时,个人应该牺牲自己的利益保全集体的利益,应该大公无私,牺牲小我,成全大我。而美国文化恰恰相反。属于高度个人主义文化,他们认为人应该是独立的个体,每个人都应与众不同,都应有自己的独特之处。每个人都应该对自己负责,而不是对别人负责。他们追求个性、独立、自主、创新,不盲目随从大流。英国、法国和印度则遵循另一个取向,他们依赖于等级关系,这些国家中的许多群体分成不同的层次等级,每个群体的地位保持稳定。等级社会倾向于实行贵族统治。

6. 人的空间观念

在空间理念上,人们所表现出来的文化差异也非常显著。日本在组织方面表现出来的是其社会的公开特性;他们没有私人办公室的概念,经理和工人在同一间屋子里,甚至可能还是在同一张桌子上办公。中国人的空间距离非常小,也没有什么隐私可言。在中国的公车上、电梯里常常可见人贴着人站着的现象,大多数中国家庭的房间都可能没有单独的门锁,即便有也不会锁起来。家里任何人都可随意进出,包括父母的房间,孩子的房间。父母进入孩子的房间无需敲门,有的父母甚至擅自拆读子女的信件、翻阅子女的日记而不以为然。而美国人、德国人却倾向于把空间看成是个人的私密之处,他人不能轻易走近。美国家庭的房子每一个睡房都有门锁,提醒别人尊重自己的隐私。进门一定要敲门,不可随意翻动他人的东西等。

克拉克洪和斯乔贝克提出的六大价值取向理论能够帮助我们理解许多平时观察到的文化差异现象,并对有些"异常"行为进行合理的解释。虽然这个简明扼要的模式只提供六个普遍性的问题,且针对每个问题只提出三种价值取向,却有极大的应用价值,为后来的相关研究奠定了重要的基础。

(三)霍尔的高语境文化与低语境文化

人类学家霍尔(Edward T. Hall)认为,从感知和交流的角度研究文化之间的异同,是研究跨文化交际的有效方式。根据交流中所传达的意义是来自交流的场合还是来自交流的语言。他认为,文化语境有两种:高语境文化和低语境文化。下面的例子可让我们更好地理解这两种语境文化在日常生活中的体现。

一位75岁的中国著名学者兼政治家应邀携妻子前往美国东部的一所大学。航班从北京起飞,经过21个小时的长途飞行后,在某机场他们见到了来迎接的几位朋友。当美国朋友关切而又肯定地对老人说:"您一定很累了!"。尽管老人已经很累了,但他还是客气地回答:"不累!""还好!"。在飞机上和机场待了整整24小时没有休息,怎么可能不累啊!何况其年岁已高。这种心口不一的现象所表现出的实际是中国文化的一种自谦。然而,他的回答令美国朋友既吃惊又困惑,因为同机的美国人正在不断地抱怨,"累!我一辈子没这么累过!""我在飞机和候机室里待了24个小时,我都怀疑我的腿还能走路!"。这些都可能是有着任何其他文化背景的人在语言表达上的差异。

上述案例的背后隐藏着中西文化因素的影响。属于低语境文化的美国人倾向于将自己要表达的信息直接用语言说明白,而属于高语境文化的中国人在沟通中说话比较含蓄,真正的信息是通过语境及说话人本身的情况来传递的。高语境文化指的是,在交际过程中绝大部分信息或存于物质语境中,或内化在个人身上,极少存在于编码清晰的被传递的讯息中。中国、韩国、日本等亚洲国家,阿拉伯和意大利、西班牙等地中海周边国家文化属于典型的高语境文化。高语境文化间的交流不需要、也不期待别人提供很多的背景信息。高语境文化的社会成员由于历史、传统、民俗风土等高度的重叠性，绝大部分信息都已储存于既成的语境中，成为全体成员共享的资源。人际交往上，人们更擅长借助共有的"语境"进行交流。中国人常说的"言外之意""心有灵犀一点通"等俗语就是高语境交流风格的体现。

低语境文化是指在交际过程中将大量的信息置于清晰的编码中。人们通过直接的表达和符号传递进行交流。美国、德国、瑞士和斯堪的纳维亚文化为典型的低语境文化。人们进行交流时，总是提供更多的背景信息。低语境文化的成员由于缺少共同的历史文化背景，很难形成非语言的心灵感应，他们在交往中必须更多地借助直接的、清晰的符号编码信息进行沟通。所以，低语境文化强调直截了当，开门见山，不含糊，不隐晦。人们常说的一句话是："Speak your mind（想什么就说什么）"。

低语境和高语境文化在各方面均存在差异（详见表6）。高语境文化的成员在表达感情和传递信息方面，喜好用含蓄的方式，并且内向羞涩，不善于自我表现；低语境文化所属成员则喜好用坦率直白的方式进行沟通，并且外向，热衷自我表现。高语境文化是集体主义导向的文化，追求整体和谐，竭力回避对立冲突；低语境文化是个人主义导向的文化，倾向采取正面冲突的方式解决问题。

表6　低语境和高语境文化的比较

低语境文化	高语境文化
倾向于用直接的语言交际	倾向于用简洁的语言交际
对意思的理解只停留在一个层面	从社会文化不同的层面去理解意思
较少注意非言语信息、动作或行为	轻易理解非言语行为传递的信息
不喜欢用套话的方式沟通	不使用套话的沟通方式是不礼貌的
沟通中依赖的是逻辑推理	沟通中依赖的是语境和感情
采用线性逻辑	采用螺旋式逻辑
直接说"不"	温婉含蓄，避免直接的拒绝

了解高低语境文化的区别有助于人们进行跨文化交际。在人们的日常交往中，一个高语境文化背景的人会认为一个低语境文化背景的人太能说，过分精确。他们甚至会感觉到有点咄咄逼人，太直接的表达简直让人受不了。相反，一个低语境文化背景的人会认为一个高语境文化背景的人不真诚（由于信息被隐藏）、不合作。有两位哈佛大学的经济学家专门研究了日本和美国的贸易伙伴，结果发现，让美国谈判者最不舒服、最拿不准、最反感的是日本贸易伙伴的沉默。因为在日本，沉默可以代表很多含义，即可表示肯定、默许，也可表示反对、不赞同对方观点等，而美国人不了解对方的沉默到底代表什么意思，谈判往往最终以妥协告终。

根据下面文章的内容,回答其后面的问题。

Chinese make a clear distinction between insiders and outsiders, and this distinction exists on all levels of interpersonal interaction. Insiders consist of people from two categories: automatic and selected. Automatic insiders include one's parents, siblings, relatives, colleagues and classmates, whereas selected ones are special relations that one has developed over time at work or elsewhere. For example, a person is considered an insider at work after he or she has developed a special relationship by helping others and sharing information with others. The five common criteria of an insider are nice, trustworthy, caring, helpful and empathetic.

The distinction between an insider and an outsider provides specific rules of interaction in Chinese interpersonal relationships. Insiders often are treated differently from outsiders and a person with insider status often enjoys privileges and special treatment beyond an outsider's comprehension. To illustrate, a Chinese person may go beyond his or her means to help an insider, but an outsider has to follow the rules. The insider-outsider distinction also involves moral implication. In the Chinese culture, moral judgments are not only cognitively but affectively(情感地) based. Moral stands tend to vary from one relationship to another.

Family-centered "insider" relationships have two important implications for relationship development with strangers (i.e., outsiders). First, as King and Band argue, the importance of family and the sense of dependency built up in the Chinese family system make it difficult to develop personal relationships with strangers. In the Chinese culture, the transformation from *a wai ren* (outsider) to *a zi ji ren* (insider) involves an arduous and time-consuming process, because personal relationships often take a long time to develop. In order to overcome the inherent difficulty in relationship development, intermediaries are widely used for social relationship construction. Second, the Chinese and other collectivistic cultures tend to be particularistic(专一主义的) in their utilization of value standards toward in-groups and out-groups. This particularistic principle of interpersonal relationships hinders interactions with outsiders because value standards applied to in-groups may not be readily adapted to out-groups, and most Chinese don't feel knowledgeable about dealing with outsiders.

Questions:

1. What is your opinion of the Chinese concept of "insider and outsider"?
2. How do you think Western people would look at the relationship between insiders and outsiders in China?

 单元小结

文化价值观是跨文化交际研究的核心部分。在跨文化交际中,我们有必要了解中西文化价值观的差别。不了解西方,比如美国人的个人奋斗、独立精神和个人主义,就无法理解他们的行为模式,也就无法进行有效的跨文化交际。本章介绍了不同学者对文化价值观的定义,从人与自然的关系、人际关系取向、行为取向和时间取向四个方面比较了中西文化价值观的差异。最后介绍了文化价值观的相关研究,包括霍夫斯泰德的四个文化维度:权力距离、不确定性规避、个人主义/集体主义、男性气质/女性气质;克拉克洪和斯乔贝克的六大价值取向理论和霍尔的高语境和低语境文化对跨文化交际的影响力。

 拓展阅读

Ten Major Cultural Differences Between China and the United States

It is always interesting to study other cultures and it is extremely important to do just that if you are going to have interactions with them. You don't want to insult someone or embarrass yourself and your own culture. China is one of those interesting cultures mainly because what we usually know about the country is through movies or the local Chinese restaurant. What I've learned over the years is that knowledge is usually useless. Sincere study of a culture is the only way to truly appreciate the differences.

So, being an American, what do I see as the 10 biggest cultural differences between the two countries? It took a long time to narrow it all down since we could get so detailed that an encyclopedia would be the end result. But the sweat over the computer paid off.

These differences do not make either culture better or worse than the other one. It just shows their differences which has been created through centuries of history and development. China can trace their traditions and customs for thousands of years. America is still a small babe of a nation that has had very few traditions of its own, but has become such a melting pot of cultures that there is almost no specific American culture that can be said is applied across the board. This makes both cultures unique and worthy of study and respect.

Social Structure In China the social structure is formal and hierarchical. You know where you fit in the structure and you abide by the rules there. There is no crossing into other areas. In America, it is much more loose and informal. It is not uncommon to see those of various social levels socializing and knowing each other. There are very few lines that socially are not allowed to be crossed. This can cause problems in business relationships if the visiting culture is unaware of it.

Confrontation/Conflict If you are planning on conducting business in China or expecting an extended stay, it might be useful to know that the direct way that most Americans approach issues is not the way to go in China. Direct conflict or confrontation over issues is highly frowned upon. It doesn't matter that the "truth" needs to be spoken, respect and honor to each person supersedes that. To prove a point and show yourself in the right even over business issues is considered shameful and should be avoided.

Self The Chinese look more at the group collective than at individualism. America has become known for its push of individualism which has been a source of conflict with other cultures that look collectively. A person from China is more prone to look at how their acts affect the whole instead of how it affects them personally. They are more willing to give up and sacrifice for the greater good. America's individualism has been its backbone and the reason for its success as a world power, but when visiting China it needs to be reined in.

Face/Reputation Reputation of the individual is very important in China. If an action will humiliate someone or ruin a reputation, it is avoided. When shame occurs, the person sacrifices their job or whatever it is that will heal the shame. In America, reputations come and go overnight and in the end usually does not matter. The end result is more of the focus. A person is more likely to overlook a reputation to get the job done.

Business Relations When doing business in China, be prepared for much socializing. Business becomes secondary as the parties get to know each better. If it delays a contract, it is perfectly acceptable as long as the correct social time is allotted for. In America, business associates are usually more aloof. There might be some social gathering but the business is more important and the socializing will be sacrificed to get the job done if needed. Though there seems to be shift in America regarding this. The recognition of networking is becoming more pronounced.

Morals Chinese society places high values on the morals of their people. Marriage is not encouraged until the late twenties. In fact, dating is discouraged early in a young adult's life and proprieties are expected to be held up. The American culture is much more relaxed and some could even argue that there needs to be more moral emphasize.

Recognition of the Dead One of the time honored traditions of the Chinese is the recognition of the dead. Once a year, all members of a family visit the grave site of each ancestor and pay their respects. Honoring ancestors is very important in Chinese culture. This is in direct contrast to most Americans who rarely know where the majority of their ancestors are laid to rest. This might be due to the fact that most Americans are immigrants who either have lost the information on grave locations or the locations are in foreign countries. China's culture is much older and the percentage of immigration is far less.

Humility Humility is a revered virtue in Chinese culture. The success of one's business or personal life is downplayed, while in America the successes are lauded. Most Americans in the fast business world consider humility a sign of weakness. This can be an issue that hurts inter-cultural relations. Be very sensitive to comments and actions in the presence of another culture.

Time Sensitivity Crossing cultures for business can be frustrating when it interferes with getting the job done. Most Americans are very time sensitive when it comes to meetings and deadlines. If the meeting was to commence at 2∶00, then all parties are to be present at that time. The Chinese do not view time as an absolute but more as a suggestion. Concern is not expressed for a meeting starting late or ending at a different time. The same can be applied to deadlines. If a report is due on Friday, an American would be waiting for that report to be received before end of business day. The Chinese would not worry if it showed up several days later.

Respect Being sensitive to another person's needs is very important in Chinese culture. It is expected that you will respect the other person and treat them well. Their needs are met at each encounter. This is a characteristic that unfortunately has fallen on the wayside in most American circles

http://rgraf.hubpages.com/hub/10-Major-Cultural-Differences-China-and-the-United-States

参 考 文 献

Davis, L.:《中西文化之鉴》, 北京: 外语教学与研究出版社, 2001 年。

窦卫霖:《跨文化商务交际》, 北京: 高等教育出版社, 2006 年。

窦卫霖:《跨文化商务交流案例分析》, 北京: 对外经济贸易大学出版社, 2007 年。

樊葳葳、陈俊森、钟华:《外国文化与跨文化交际》, 武汉: 华中科技出版社, 2008 年。

房玉靖、姚颖:《跨文化交际实训》, 北京: 对外经济贸易大学出版社, 2010 年。

胡文仲:《跨文化交际学概论》, 北京: 外语教学与研究出版社, 2003 年。

吴为善、严慧仙:《跨文化交际概论》, 北京: 商务印书馆, 2010 年。

王维波、车丽娟:《跨文化商务交际》, 北京: 外语教学与研究出版社, 2009 年。

于桂敏、白玫、苏畅:《中西方价值观差异透析》,《辽宁师范大学学报》2006 年第 9 期。

第六单元
风俗、礼仪与跨文化交际

Customs may not be as wise as laws, but they are always more popular.
— Benjamin Disraeli

风俗是特定社会文化区域内人们长期共同遵守的行为模式或规范。人们往往将由自然条件的不同而造成的行为规范差异，称之为"风"；由社会文化的差异所造成的行为规则之不同，称之为"俗"。所谓"百里不同风，千里不同俗"，正恰当地反映了风俗因地而异的特点。风俗的不同常常是跨文化交际产生误解的主要根源。所以，我们须认真对待各国的风俗，包括礼仪文化、饮食习惯、送礼请客等，且要学会入乡随俗，以便有效提高跨文化沟通的效率。

> **知识要点**
> 1. 礼仪文化与跨文化交际
> 2. 饮食习惯与跨文化交际
> 3. 送礼请客与跨文化交际
>
> **能力要求**
> 1. 理解各中西礼仪文化的差异并进行有效沟通
> 2. 了解各国不同的饮食习惯,有效进行跨文化交际
> 3. 掌握各国请客送礼文化,并进行有效交际

 案例导入

一位同学想请外国朋友帮忙修改论文,给他打电话时说:"近来身体可好?"外国朋友回答:"还好。""近来忙吗?"外国朋友回答:"一般。"于是他说:"我最近完成了自己的硕士论文,想请你帮忙修改。"外国朋友只好硬着头皮答应,因为健康没问题,工作不太忙,以什么理由拒绝呢!这位同学使用了试探手段,获得了满意的交际效果。

 知识要点

一、汉语的礼俗词语

中国是礼仪之邦,是讲究礼俗的文明古国。长期以来,中国一向提倡"礼多人不怪",受儒家思想的熏陶,有一套人事条理和道德规范,并且制约着汉语礼俗词语的运用。

1. 问候语

老百姓见面,汉语招呼"吃饭了吗?"有两层含义:一是关心对方有没有饭吃,二是问候对方,反映了中国古代节衣缩食的现实。这样,我们不难理解为什么汉语与吃有关的词语那么多,如:"民以食为天""粮食是宝中之宝""人是铁,饭是钢""精神食粮""千里为官,为了吃穿"等;现在人们也经常说自己就是"吃货"等。由于重视吃,中国的饮食文化就成了人们生活中十分重要的部分。

2. 自谦语

中国人比较谦虚谨慎,受到表扬时一般回答"哪里,哪里"或"您过奖

了"。有一次,一位中国演员接受西方记者采访:你认为中国年轻女演员谁最优秀,而这位青年女演员回答"我"。后来这位女演员立刻受到国人一片责难。西方人对中国人的自谦很不理解。比如,中国人做报告,首先要自谦一番:"这个问题我研究不够,谈谈粗浅的看法,不对的地方,请批评指正"等等。西方人奇怪:既然研究不够,认识肤浅,何不研究透彻再做报告?西方人认为,过分自谦容易变成客套,给人虚伪的感觉。这些都反映了中国传统文化比较强调社会和集体的力量,不注重个人力量。

3. 祝福语

祝福语是指对人们的美好祝福的语句,可分为新婚祝福、成功祝福、节日祝福等。在社会发展的进程中,祝福语已不局限于传统的节日祝福,已发展到情侣互发的手机信息祝福、天气冷暖变化的问候祝福、朋友日常之间的鼓励祝福等。祝福语已经各种各样,可以是感动的、兴奋的、幽默的,这些祝福常常反映出人与人之间的感情。

祝福语往往呈直白、简短、精炼的特征。有些祝福(如网络祝福)极具时代特征,具有时尚感。随着互联网的发展,人们相互间的祝福,就少见于书信、电话等通讯方式。人们通过网络世界将祝福永恒记录,这种祝福具有浪漫性、永恒性、时尚性和环保性等特征。

中国有传宗接代与着眼未来的传统思想。逢年过节的祝愿大多离不开子孙后代、金钱财富、健康长寿、和睦幸福。多子多孙、子孙满堂、健康长寿、福如东海、甜蜜幸福等是最常用的祝福语。

4. 致谢语

当人们在接受他人的帮助,并令自己感到满足时,就会表达由衷的感谢,其所用的话语就是致谢语。尽管中国是个礼仪之邦,但是中国人在言语表达感激之情时,却没有西方人爽快。他们不会像西方人那样,常把 Thank you 挂在嘴上。他们在以下三种场合,不用表达谢意。第一,夫妻或亲兄妹之间不谢。比如,丈夫晚上洗脚,妻子递送毛巾。丈夫说"谢谢",妻子惊恐万状,感觉丈夫不对劲。第二,受到表扬或赞美不谢,怕引起别人误会,以为自己骄傲自满。第三,做分内事,不谢。比如"我所取得的成绩,归功于党和人民,归功于大家的帮助"等话语,表达了中国人的自谦。

5. 恭维话

所谓恭维话,就是人们常用来奉承人的话。其所说的定要适合场合与人物;所讲的要是他人所喜欢的话。使用恭维话的场合也有正式和非正式之分。在正式场合(如在某个酒会上),我们会听到这样的话语:"非常荣幸邀请到×××领导,我敬领导主要有三个想法:一是和您相处时间长了,确实挺想坐一坐的叙叙旧的,这也是在座诸位的心愿;二是几年来您对我们的工作照顾得挺多,我们有些小进步也是您帮助的结果,也总想找个机会感谢一下;三是希望您身体健康、精神愉快,大家举杯,我干了,您随意就行。"

在非正式场合,以下貌似恭维的话语就比较常见了。当取笑他人时,人们会说:1)长的惊险……有创意啊;2)你长得很敬业,很有骨气;3)长得真有创意,活得真有勇气;4)你长得真后现代;5)你长的外形不准,比例没打好;等等。

中西方人在赞美女性的容貌和服饰时,是有很大差异的。在西方,如果在赞美女性的容貌时说"你今晚真漂亮",受恭维的西方女士欣然接受,并回答"谢谢"。而在中国,如果有男士恭维女性会遭受白眼,被认为轻薄,因为中国女性还不习惯异性的恭维。

二、汉语语言与中国风俗

(一)汉语与中国人思维

语言与社会生活和社会意识的关系在词汇方面表现尤为明显,特别是成语。如:否极泰来、物极必反、苦尽甘来、乐极生悲、欲速则不达等,表现出我国古代辩证法比较发达。中国人对传宗接代很重视,有"不孝有三,无后为大"为家训;下一代以"光宗耀祖"为奋斗目标;还有"好马不事二主,好女不嫁二夫""父母在,不远游"等词语,反映了中国人的伦理观念和风俗。

更有"一人得道,鸡犬升天""一荣俱荣,一损俱损""钩心斗角""结党营私""一朝天子一朝臣"等,这些表述均反映出中国文化中官本位思想的不良倾向。而"安分守己""知足常乐""难得糊涂""吃亏是福""比上不足,比下有余"等语言,则反映了中国文化的中庸之道,是人们明哲保身、个人修养的座右铭。

(二)汉语语言及习惯

中国人的话语都离不开具体性、直观性和形象性等特征。教师讲课或报告人做报告,都离不开几个具体的例子。做政治报告的人也常常会使用几个与政治运动有关的习语,如挖墙脚、扣帽子、戴高帽、抓辫子、背黑锅、一刀切、挤牙膏、抬轿子、走后门等,一概来自形象比喻,生动传神。

与汉语不同,西方人在言语交际中则重本体。他们使用的句子里常常出现主语或形式主语。如:英语 It is raining 一句话中的 It 就是形式主语。而中国人重事情/事件的本身,句子常常缺主语。如:"晒太阳",其主语的所在模棱两可。

中国人说话的方式也很独特,人们喜欢以试探的口吻来进行交际。如,请人吃饭时,我们会说:"今晚你有空吗?"人们通常要等到对方肯定答复后才发出邀请:"今晚可否请你赏光到某某酒店吃饭?"这种打探习惯,有时可以起到步步为营的推进效果。

(三)中西民俗语言文化差异

用汉语文化、思维和习惯等去套用"英语文化",其结果是所学到的、所谓的"流利的英语"仅限于和同胞交流,和英语为母语的人士交流时,双方因"文化差异"在语言表达上的体现,无法相互理解和沟通!不了解和学习英语国家文化在交流、沟通运用上的体现,而只是套用本国的文化和习俗,往往会造成交流的障碍。

同样是"追求财富",中西方的流行做法和观念截然不同。西方人,尤其是北美人,推崇企业家精神:不依靠裙带关系和屈服于权贵,而靠自己的才能和努力白手起家。他们抛弃自己本可能的安逸生活,去冒险、创业、拼搏,并充分运用现代商务运作手段,使自己的产品、服务为社会所接受和喜欢,最终双赢。中国传统文化不同,所以,有"铜臭"、无商不奸等语言,这或多或少反映了中国传统文化对经商的歧视。

语言是一个民族特有的文化载体,也是其传统的积累;而民族文化的影响通常是根深蒂固的。中国人与老外聊天时,常常忍不住还要问一些早已知道不该问的"禁忌问题"。比如,How old are you? 在国内多么平常的问题,尤其是熟悉了以后,问问年龄,彼此称兄道弟,或姐妹相称,再自然不过了;喊句"老张、老李"什么的,尽管不老,被喊者心里也高兴。这都说明中华文化,有一种根深蒂固的怀旧情结。

"历史悠久、百年老店"之类的,都是吸引人的亮点。但在西方,却有着和我们的文化传统截然相反的理念。新的、年轻的才是生命和活力的象征(symbol),人们崇尚年轻(worship youth);老的、旧的是死亡、落伍的象征。所以,年龄在西方是个非常忌讳(taboo)的问题,即使是在朋友之间亦如此。西方的很多人,特别怕过 40 岁生日。似乎过了 40 岁,就到了将要被社会抛弃的年龄。You cannot teach an old dog new tricks. She is no spring chicken 是英语俚语。所以,在和"老外"交往中,千万别暗示她/他的年龄,即使你不小心知道了。西方人有句幽默,称"永葆青春的唯一秘诀是:谎报年龄!"老外提倡幽默,称为 Positive thinking, positive attitude. 用英语和老外开玩笑,一定要小心,毕竟来自不同的文化背景。

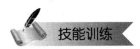

讨论中西礼仪文化的差异性

(Zhang Tong, a green hand in the field of business in Anhui Hardware co. Ltd., is asking his colleague, Wang Yu, about the etiquette of holidays in the course of business.)

(*In the office*)

Zhang: Mr. Wang, are you free now?

Wang: Just a minute, please. Let me finish faxing these. (*Pause*) Yes. What can I do for you?

Zhang: Yes, I've got some questions to ask you.

Wang: OK! Shall we go to the lounge and have a cup of coffee?

(*In the lounge*)

Wang: I'd like a cup of coffee. What do you want?

Zhang: I prefer tea. Let me help myself.

Wang: Now, let me see what trouble you've got?

Zhang: Well, you know it's Christmas tomorrow and the Americans usually will have a whole week leave. But I have an enquiry at hand to send to them. I'm just wondering if it is proper for me to fax it on this special holiday?

Wang: Is your enquiry very urgent?

Zhang: I'm afraid yes. If I have to wait for a whole week before sending, it will not be possible for us to receive the goods before our Spring Festival, which will greatly disappoint our customers.

Wang: Under such urgent circumstance, you'd better fax it immediately. Though most of them won't be at work during Christmas days, there are always several members of the staff on duty. They will attend to your enquiry immediately.

Zhang: Will it be impolite to do so?

Wang: Well, being a considerate and thoughtful businessman, you will usually try not to bother your customers while they are enjoying their holidays. But in case of emergency, it is quite understandable to do so. So you needn't worry too much about this. Anyway, no businessman doesn't like to make money.

Zhang: Thank you, Mr. Wang. You've made me feel better.

Wang: I'm glad to hear that. Zhang, one more thing that I want you to know is that when such important holidays as Christmas are coming, we'd better extend our good wishes to our customers before or on holidays to show our politeness and consideration.

Zhang: I know. Several days ago, I sent some Christmas cards to some of our customers and E-mails and faxes to the others.

Wang: Fine. It's a good way to maintain the good business relationship between both parties.

Zhang: But is it necessary for us to send presents to our foreign customers as we always do to our foreign friends?

Wang: I don't think so. As both parties are busy doing business, we hardly have time to arrange mailing presents. But if our old customers visit us and happen to celebrate their holidays in our country, we will consider giving them presents together with our good wishes.

Zhang: I see. Thank you, Mr. Wang. You've been very helpful. Now I'm going to get the enquiry faxed.

Wang: You're welcome. Go ahead.

Tom 和 Mike 两人来自英国，刚刚高中毕业，就来到我们学校做外教。有一个周末，他俩被一所中学的校长邀请去做讲座。这位校长非常热情，晚上为他俩接风洗尘，并请了几个酒量较好的朋友来作陪。在席上，当他问 Tom 和 Mike 想喝点什么酒时，他俩非常直爽地回答"啤酒"。校长非常好客，他和他的朋友们一次又一次劝 Tom 和 Mike 喝酒，Tom 和 Mike 也非常直爽，每次拿起酒杯干杯后就喝光，直到两人喝吐了为止。事后每当 Tom 和 Mike 与别人谈到此事，他们俩对中国人的热情好客感到可怕。

问题：为什么校长他们的热情会被他们误解呢？

分析：这一文化冲突主要是由于中西方不同的餐饮习俗造成的。在交际场合，中国人常有敬烟敬酒的习惯。中国人会举杯祝酒，有时会与客人干杯，然后一饮而尽，同时也要求对方喝干，因为这样"才够朋友"。中国人宴客，主人有时会用筷子往客人的碗里夹菜，用各种办法劝客人多吃菜、多喝酒。而英美等西方国家讲求尊重个人权益和个人隐私，人们甚至立法加以保护。因为尊重个人隐私，所以他们不会做强人所难的事。他们也举杯祝酒，主人把饮料放在餐桌上，使之靠近客人就行，但喝多喝少由客人自己掌握，尤其不能强劝女宾干杯。

能力目标

一、英汉礼貌语言与跨文化交际

汉语中的好些词句,反映了中华民俗心理,比如:"挂羊头卖狗肉"。为什么不说"挂狗头,卖羊肉"呢?说明中国褒羊贬狗的民俗心态。由狗构成的词语几乎都是贬义。如走狗、哈巴狗、丧家狗、狗腿子、狗急跳墙、狐朋狗友、狗咬狗、狗嘴吐不出象牙等。但西方人却对狗有很多褒义。如:lucky dog(幸运儿),The more I see of men, the more I admire dogs.(我看的人越多,我愈欣赏狗。)说明西方人很喜欢狗,狗给西方人带来好运。随着社会的发展和变化,中国人语言习惯和社会习俗也受到一定程度的影响。

语言是其文化和习俗的载体。虽然人类的各种文化多少有相通的一面,但更多的是其特殊的一面。而西方文化有着与中华文化截然相反的一面。西方崇尚"积极进取"(positive or ambition)的态度,和中国人"谦虚、艺术"的处事、说话原则,经常发生"冲突",这就是所谓的"文化冲突"。事实上,跨文化语言交流,80%的信息来自身体语言(body language)、语音(intonation)和语调(tone)。此外,双方交流的意向、谈话的内容、对英语文化的理解和有效运用等诸多因素,也会影响人们之间的相互交流。这就是为什么一个只有五、六千词汇的秘书、助理,能用英语同"老外"流利的交流,而一些有号称三、五万词汇量的、手持六级英语证书的硕士、博士,除了简单的几句不痛不痒的Chinglish,却无法进行"有效的交流"。

(一)中西礼貌语用差异

1. 英汉礼貌语用差异

无论你来自哪一种文化背景,你都不可避免地使用礼貌用语。使用礼貌语是不同社会群体共有的普遍现象,也是人类社会文明的标志。然而,由于受不同文化的制约,英汉礼貌用语有所差异。英国著名语言学家Leech根据英国文化特点列举了六条礼貌准则:

1)策略准则:尽量增大对他人的益处。
2)慷慨准则:尽量增大自己付出的代价。
3)赞扬准则:尽量增强对他人的赞扬。
4)谦虚准则:尽量夸大对自己的批评。
5)赞同准则:尽量夸大与他人的相同意见。
6)同情准则:尽量扩大对他人的同情。

借鉴Leech的礼貌六原则,中国学者总结了适合中国国情的礼貌原则,共包括五个方面：

1) 贬己尊人准则：尽量贬低自己，抬高别人。
2) 称呼准则：按上下长幼称呼。
3) 文雅准则：选用雅语，禁用秽语。
4) 求同准则：保面子，求和谐。
5) 德言行准则：少说付出的代价。

作为一种礼貌行为，在西方文化中被赞誉人礼貌的做法就是遵循 Leech 的"一致原则"以减少自己与别人在观点上的不一致。迎合对方的赞誉，说声 Thanks! 或 Thank you! 欣然接受恭维。汉文化重视贬己尊人准则。在受到别人的恭维时，却会以"哪里，哪里，您实在是过奖了"，或"这是我该做的"等等来回应。难怪西方人赞美对中国人 No, No, you're just kidding 或 It's my duty 之类的礼貌语很不愉快。It's my duty 隐含责任在身，不得已而为之，这样的回答只会让表达谢意的英美人尴尬不已。所以在进行跨文化交际时，一定要注意与对方在文化习惯和表达习惯上趋于一致。

有时候中国人的礼貌称呼在西方文化也可能被视为不礼貌。例如，"小×哇"在汉语称呼中表示亲切，但在英国，这样称呼是不礼貌。西方人比较喜欢直呼其名，表示平等。中国人的"小朋友，小弟弟，小妹妹"等表示亲切的称呼语在英语国家被认为不礼貌。例如，有位英国人应邀去参观一家中国的幼儿园。她刚走到门口，孩子们便一拥而上，喊着"Aunty, aunty"。这位英国人很在意。她不是孩子们的 Aunty，不接受这样的称呼。

2. 礼貌语用差异成因

言语交际中，礼貌用语存在明显差异，包括价值观念的差异、伦理道德观念的差异、风俗习惯和思维方式的差异等。

价值观念是文化的核心，不了解一个民族的价值观念，就不会充分理解该民族的语言表达方式和行为模式。在中国传统的观念里，文化的特点是集体价值至上，而西方文化的特点是个人价值至上。汉语中一些典型的话语如"人怕出名猪怕壮"等代表了这一观念。所以，中国人常常以"沉默"代替"答非所问"，以保面子。在英语国家，如果对别人的问题保持沉默或付之以微笑则被认为是严重失礼。所以，在演讲或者报告结束时，英语国家的听众喜欢提一些相关的问题，而中国听众则很少发问。英文书面语中，"I"字无论如何都要大写，中国无大小写之分。从这些小细节中可以看到，英语文化中，"我"要比"我们""你们""你""他""他们"的地位重要。

中西伦理道德观念上存在很大差异。中国人普遍实践的伦理是儒家伦理，儒家文化的核心是"仁"。因此，必然注重人与人之间的感情。在这种以宗法制度为核心的背景下，人们对家人的关心和爱护向外延伸，即便是毫无血缘关系的人们之间也以亲属身份称呼。所以，非亲属关系的人们也像家人之间那样热情问候就不奇怪了。中国人在交谈中不断问及对方起居饮食等琐事,如:年龄、工作、收入、有无对象,是否结婚等,以显示亲切和关怀。这些东方式的人情味密切的人际关系是人们用来联络感情的具体表现。而在西方,随便询问个人隐私问题就会引起反感和不愉快。人们一律以平等的"你好"(hello)表示问候。晚辈对长辈也可直呼其名。西方人认为中国人的自谦是没有自信的表现;对中国人说话"兜圈子"也是不能理解。

在思维方式上,西方人是直线形的。他们在说话、写文章时,习惯开门见山,把话题放在最前面,以表达其中心意思。英语问候 How are you? How are things going with you? 等询问语在更多情况下已成为人们见面的寒暄语,已失去问候个人情况的意义,人们也只需回答:Good, thank you 就行了。

汉语中有吃了吗? 忙什么呢? 去哪呀?(用于常见面的熟人之间)还好吗? 过得怎样? 混得怎么样了?(常用于见面不多及久别的熟人、朋友之间)。英美人在打招呼时也会说 Hi, How are you doing? You look nice. You have lost weight. 其中 You look nice(你看上去很好)和 You have lost weight(你瘦了)这两句对英美人来说实为礼貌用语,但对中国人来说,前句是招呼语,而后句则会让听者感到不安。他们会以为自己看上去脸色不好,是否得了什么病等。汉语重顿悟、讲含蓄,语言有一定的模糊性。西方人往往觉得中国人的话很难理解,觉得人们喜欢把简单事情复杂化;而中国人又觉得西方人说话太直接,让人难以接受。其实,这些都是思维方式和风俗习惯的不同而已,只要我们在交际中有意识地注意这些方面的问题,无论与什么样文化背景的人交流,都不会有什么困难的。

One day, an American businessman went to visit a Chinese family with one of his Chinese friends. In the living room, the American was much interested in the Chinese handicrafts on the shelves. He pointed to one of the handicrafts and extolled(赞美) it particularly. The Chinese host immediately took the handicraft out of the shelf and gave it to the American and said, "Have it as a present from me." the American was surprised. He refused to take it and said, "I didn't mean it. It is a precious handicraft." But the Chinese host did not stop offering until the American took it. He felt embarrassed with the handicraft in his hand. The next day, the American businessman explained to his Chinese friend: "I did not have any intention to have the handicraft. I complimented the host on the handicraft just because it is good. I mean nothing else at all."

从高语境和低语境文化的角度分析：

1. 为什么中国人听到美国人对墙上艺术品的称赞后马上将其取下送给他？
2. 为什么美国人感到很尴尬？

二、饮食文化与跨文化交际

（一）中西方饮食观念的差异

相对注重"味"的中国饮食，西方是一种理性饮食观念。这种理性使之在自然科学上、心理学上、方法论上实现了突飞猛进的发展，但却大大阻碍了饮食文化的发展。西餐讲究营养、菜色的搭配，讲究餐具与服务，但滋味上各种原料互不相干、调和，各是各的味，较为单一。

而在中国的烹调术中，对美味追求几乎达到极致。这也是中餐在世界各地广受欢迎的主要原因。遗憾的是，当我们把追求美味作为第一要求时，我们却忽略了食物最根本的营养价值。"民以食为天"的后半句是"食以味为先"，就是这种对美味的追求，使不够营养成为中国饮食文化的最大弱点。这种饮食观与中国传统的哲学思想也是吻合的。它包含了中国哲学丰富的辩证法思想，一切以菜的味的美好、谐调为度，度以内的千变万化就决定了中国菜的丰富和富于变化，决定了中国菜系的特点。

（二）中西方饮食方式的差异

在中国，任何一个宴席，不管是什么目的，都只会有一种形式，就是大家团团围坐，共享一席。筵席要用圆桌，这就从形式上造成了一种团结、礼貌、共趣的气氛。美味佳肴放在一桌人的中心，它既是一桌人欣赏、品尝的对象，又是一桌人感情交流的媒介物。虽然从卫生的角度看，这种饮食方式有明显的不足之处，但它符合我们民族"大团圆"的普遍心态，反映了中国古典哲学中"和"这个范畴对后代思想的影响，便于集体的情感交流，因而至今难以改革。

西式饮宴上，食品和酒尽管非常重要，但实际上那是作为陪衬。宴会的核心在于交谊，通过与邻座客人之间的交谈，达到交谊的目的。与中国饮食方式的差异更为明显的是西方流行的自助餐。这种方式便于个人之间的情感交流。不必将所有的话摆在桌面上，也表现了西方人对个性、对自我的尊重。但各吃各的，互不相扰，缺少了一些中国人聊欢共乐的情调。

(三) 中美饮食习惯的差异

中国人和美国人之间的饮食习惯有很大的不同。美国人喜欢一日多餐,每餐适量;而中国人传统习惯一日三餐,每餐食量都较大,且现已开始有不食早餐的风气。无疑少食多餐会比一日三餐、两餐科学,特别是不食早餐更易患胆石症。许多中国人习惯每日购买新鲜食品烹饪;美国人往往一次性购买一周的食品贮存在冰箱里,每日食用冷冻食品,且食用的罐头和腌制品分别为中国人的八倍和六倍。它们含较多的防腐剂和色素等化学品,对身体不利。这是值得生活日趋简单化的都市白领一族所需注意的。

在中国,许多家庭逢年过节时菜肴特别多,应酬也特别多。而美国人宴客或过节,从不铺张,连总统宴请外国元首也是五菜一羹,更不劝酒。中国人烹调时喜欢食用植物油,植物油为不饱和脂肪酸,不含胆固醇。而美国人则喜欢食用含胆固醇较高的动物油,因此,美国人的心血管疾病发病率特别高。中国人的烹调往往放盐较多,而美国人做菜下盐仅为中国人的一半,有的甚至完全不放盐。

中国人进食新鲜蔬菜瓜果比美国人多得多。而美国人较中国人每日摄入的蛋白质亦多得多,但肠胃功能却因体内缺少纤维素而受到影响。虽美国的医疗条件优于中国,可他们消化系统患病率及患癌率却大大超过中国。在中国广州及珠三角一带,居民爱食猪肝、肠、肺等动物内脏,美国人则无此爱好。动物内脏含有大量的胆固醇,不宜多食。中国人,尤其是珠三角一带的居民和美国人一样都有爱食刺身或煎牛扒五六成熟的习惯,但美国人十分注意刺身海鲜和牛肉的质量和卫生条件,无污染为必须的条件;而中国人却没有这么多讲究。

中国人喜爱食糙米和普通面粉,美国人则偏爱精白面粉制作的面点。实际上糙米和普通面粉所含营养物质高于精白面粉,这对日益爱食精白面粉制品的中国人是一个有益的提示。

技能训练

英语教师李某到曾经共事过的外教 Chris 家过感恩节。Chris 带李某和朋友一起到印第安纳波利斯看 NBA 篮球比赛。比赛中途休息期间,他们去一家小卖部买雪糕。排队买东西的时候,排在前面的 Chris 问李某要吃什么,李某以为 Chris 要请她吃雪糕,满心欢喜。可等李某拿到雪糕准备离开的时候,收银员却叫住她,并礼貌地请她付钱。这时,同行的 Chris 和朋友回头看着她,她感到非常尴尬,原来 Chris 并没有帮她付钱。

问题:为什么 Chris 主动问朋友要吃什么时,自己为自己所买的食品付款,却不帮朋友付款?

分析:在中国,远道而来的朋友一起出去游玩,当然是主人买单,这是中国人的待客之道,也是朋友相处的行为准则。而在美国实行的是完全不同的行为规范。朋友归朋友,消费归消费。大家AA制,各付各账,既公平又合理,完全不影响朋友情谊。

造成中西文化冲击的原因多种多样。生活习惯、风土民情、语言心理、法律制度等方面的差异,使人们在思想观念、行为方式等方面产生差异。

三、送礼请客与跨文化交际

(一)各国送礼的习俗与避讳

1. 英国人

一般送价钱不贵但有纪念意义的礼物,切记不要送百合花,因为这意味着死亡。收到礼物的人要当众打开礼物。

2. 美国人

送礼物要送单数,且讲究包装。认为蜗牛和马蹄铁是吉祥物。

3. 法国人

送花不要送菊花、杜鹃花以及黄色的花。不要送带有仙鹤图案的礼物,不要送核桃,因为他们认为仙鹤是愚蠢的标志,而核桃是不吉利的。

4. 俄罗斯人

送鲜花要送单数。用面包与盐招待贵客,表示友好和尊敬。最忌讳送钱给别人,这意味着施舍与侮辱。

5. 日本人

盛行送礼,探亲访友。参加宴请都会带礼物,接送礼物要双手,不当面打开礼物。当接受礼物后,再一次见到送礼的人一定会提及礼物的事并表示感谢。送礼不送梳子,也不要送有狐狸、獾的图案的礼物,因为梳子的发音与死相近。一般人不要送菊花,因为菊花一般是王室专用花卉。

(二)中西方赠送礼物的差异

1. 礼品观念及送礼品目的之差异

礼品(或礼物),是人与人之间互相赠送的物件。礼物常用来庆祝节日或重要的日子,比如情人节送玫瑰,生日送礼物的主要目的是为了取悦对方,或表达善意、敬意等。中国人往往注重礼品的实质意义,比如送字画、邮集等,不在乎对方是否欣赏,而在于字画、邮品的收藏价值。

中国人注重礼品的实用价值还表现在对价签的重视程度上。而西方人往往注重礼品纪念价值。确切地讲,中国人送的是礼品,而西方人送的是纪念品。应邀去西方人家做客,可以给女主人送一束鲜花,给男主人送一瓶葡萄酒。还可以带上具有本国特点的小工艺品,一本自己或对方喜欢的书,或一盘CD,或一本自己写的书等。

2. 中西方接送礼物的文化差异

中西方人在对待接受礼物的反应截然不同。在中国,人们接受礼物时往往并不喜形于色,且不当面打开礼品。中国人认为当面打开礼物,会让人感到对所接受的礼物过分在意,让对方或自己尴尬。收礼时连声说:

"哎呀,还送礼物干什么?"

"真是不好意思啦。"

"让您破费了。"

而在西方,人们在接受礼物时,会当面打开礼物。不管喜不喜欢,先大呼小叫地称赞一番。这也不是代表西方人虚伪,而是他们认为这是表达谢意的一种方式。西方人接受礼品时一般会说:

"Very beautiful! Wow!"

"What a wonderful gift it is!"

"Thank you for your present."

在重要的节日送礼物,中西方人往往具有相同的心理,送礼者都希望对方能喜欢自己送的礼品,而受礼者也都因为接受了对方的礼品而高兴。只是其外在的表现形式有所不同罢了。中国人往往表现出来的是极大的自谦,送礼时常常故意贬低自己所送礼物的价值。即使送给对方的礼品价格昂贵,也要说一声"区区薄礼,不值一提"。这种以否定的形式来肯定自己所送礼品的价值,是西方人所不能理解的。他们不懂得这种绕圈子的说法,也无法悟出否定中隐藏的肯定意义。

在接受礼物时,中国人常常推辞一番,总是在对方再三坚持后才收下,这是中国人待人客气的一种表达方式。而西方人的表现形式却恰好相反,他们总是对自己准备的礼品采取赞赏的态度。他们会告诉你这是从哪儿买的,经过了多少周折,或者制作工艺多么复杂,多么不容易,其最终目的是希望你能喜欢。在接受礼品时,西方人尽量表现得对你的礼品很欣赏,对你的送礼行为也会表达感激之情。

(三)中西宴请的文化习俗

1. 美国人请客

有一次美国前参议院多数党领袖邀请一位中国访问学者吃饭。当时,电话说参议员要约一个方便的时间,请她共进午餐,并约定派专车来接。约会前夕,秘书来电话,说是为了订明天参议员的午餐,希望知道她选择哪种三明治(他报了几种名字:无非是火腿、火鸡、奶酪、牛肉……),语气十分慎重而客气。

次日,参议员的司机如约来接客人。那司机满头白发,态度和蔼,礼貌周全。到达后,秘书已在门口迎接,这位中国访问学者是唯一的客人,荣幸地受到了贵宾待遇。不过吃的内容,真的就是一盘事先预订的三明治和少数几样供选择的饮料。原来生活简单朴素、饮食节制,是那位美国参议员一贯坚持的原则。

一般说来,美国人对请客吃饭比较随便。约会交谈经常约在午餐时间,因为这样比较节省时间。地点大多在本部门餐厅,丰俭不一,大体适中。如此简单的午餐邀请却又不失礼仪,在中国也是难得一见的。

2. 英国人请客

有一位中国学者去访问剑桥大学的一位教授,时间约在下午4点。但到剑桥后,那位教授说,他要主持一场报告会,而报告会临时提前了。因此,在会前谈话时间太短,如愿意,可以参加报告会,以后再同他讨论。会后,那位剑桥教授又说,他按计划要请两位报告人吃饭。会餐时,他才发现,其饮食非常简单,让人觉得有点"少而精",七分饱而已。

然而,该中国学者也有参加集体聚会的经验。那是一次教会的活动,教徒们按照规定的时间到达,参加教会所安排的具体活动。活动结束后,大家一起聚餐(自助餐)。食物十分丰富,大家各取所需,但不准浪费。人们一边吃着食物,一边愉快地交流,直至自己想离开时,才与认识的人告别。

3. 法国人请客

到法国,交谈几乎都是在饭桌上进行的。法国的饮食文化与中国齐名,该国的文化人对于美食的爱好,也跟中国有共通之处。巴黎大街餐馆林立,门面不大,但装潢各有特色。人们一般都有自己经常光顾的餐馆,不同档次、不同规模,菜肴几乎不重样,且精致可口,所谓"少吃滋味多"也。

有时谈得投机,意犹未尽,接着再到另一家咖啡馆喝咖啡,又是一番情调。在餐厅里,人们轻言细语,从不大声喧哗,更不暴饮暴食。

4. 中西方饮食文化习俗心理

中国人热情好客,请客吃饭时一般都是菜肴满桌,但无论菜多么丰盛,嘴上总要谦虚地说:"没什么好吃的,菜做得不好,随便吃点。"当英美人听到这样的客套话,会觉得很反感:"没什么吃的,又何必请我?菜做得不好,又为什么要拿来招待我?"中西方交往中,我们应该明白,中国的习俗如此,是为了表示客气,习惯上会"言不由衷",以表达中国人自谦。事实上,中国人花了很多心思和时间,准备了一桌丰盛的菜肴,足以表达其热情好客之道。

西方人招待客人一般没那么讲究,简单的三四道菜也就可以了。用餐时,主人一般会说:"Help yourself, please!"("请吃!"即你想吃什么就吃什么)。英美人待客尊重个人意志,讲究实事求是。与中国人不同,他们不会一再问客人要不要食物或强塞食物给客人,而这些行为在西方人看来是不礼貌的。所以,当主人给你添菜或问你要什么时,如:Would you like another piece of meat pie?(想再来一块肉馅饼吗?),如果你想吃的话,可直截了当地回答:"Yes, please!"或"Thank you. A piece of meat pie."等即可。倘若你确实什么也不想吃,只需简单地说:"No. Thank you."就可以了。用餐期间,一定要说主人所准备的食物好吃,称赞主人的手艺好,以对他们所付出的劳动表示赞赏。否则,不管你吃得多饱,主人都会不高兴。典型的英语客套话是:

客人:It's delicious.(味道好极了。)/ This meat is beautifully tender.(这肉鲜嫩可口。)

主人:Thank you. I'm glad you like it.(谢谢,我很高兴你喜欢吃。)

请分析下列对话,谈谈中西请客送礼的差异

Dialogue 1
Giving a Gift

(*Mr. Wang arrives at Lampl's home to have dinner with his family.*)

Lampl: Good evening. Mr. Wang. Come in.

Wang: Thank you. Good evening. Now, here's something for you and your family.

Lampl: How nice of you! I'll open it right now... Oh, it's lovely!

Wang: It's Longjing tea, one of the most famous teas in China. I hope you like it.

Lampl: Thank you very much. And the packing basket is really attractive. The packing of Chinese products is much better than before.

Wang: Yes. I bought it in Hangzhou city and the basket is woven of bamboo.

Lampl: Really? How skillfully it's done. It's hand-made, isn't it?

Wang: Yes, and the drawing on it is one of the most famous scenery sites in Hangzhou, Hupao Spring.

Lampl: It's an exquisite basket. I'll drink the tea and set the basket here where everyone can see it.

Wang: I'm glad you like it. What a beautiful carpet you have.

Lampl: I bought it from Guangzhou Fair last year.

Wang: Oh, did you? I thought you got it from the Middle East.

Lampl: Chinese carpet woven skill is really as good as Turkey's.

Wang: I'm glad to hear that.

Lampl: Come and sit by the fire. We'll have dinner in a few minutes.

Wang: Thanks. The fire feels good.

Dialogue 2
Receiving a Gift

(*Johnson comes to Guangzhou to attend a fair and he brings Miss Li a gift.*)

Johnson: Miss Li, how nice to see you again here.

Li: Me too. Johnson, how are you?

Johnson: Pretty good, thank you. This time, I bring you a little something. (*presenting a nice box to her*)

Li: Oh, it's very kind of you. How beautiful it is. Shall I open it now?

Johnson: Go ahead. please.

Li: Chocolates! It's really a surprise.

Johnson: I chose it myself. They are not ordinary ones but the chocolates of best quality in Belgium. Its production is very small, I hope you'll like it.

Li: Sure, I will. You see they are looking so cute and nice. I'm almost reluctant to eat them!

Johnson: Don't worry. If you like them, I'll bring you more next time.

Li: Thank you so much. You are very thoughtful. You know, chocolates are my favorite. You are so sweet!

Johnson: That's all right. I'm pleased that you like it.

Li: Mr. Johnson, thanks again! I have a gift for you, too.

Johnson: Oh. Do you? You are sweet, too.

单元小结

中西礼貌及其差异是跨文化交际中的一个重要课题。研究中西礼貌原则及其差异,首先能帮助我们正确理解西方人的言行。在交际过程中,充分了解对方,尊重对方的习俗,使我们在涉外交往中表现得更加得体,这有利于促进跨文化交际的成功进行。更重要的是,了解中西方的礼貌行为及其差异也是汉语国际教育的一项重要内容。我们在汉语国际教学过程中,让海外友人了解中国、认识中国就可以从这个方面入手,这将在向世界介绍中国文化、促进国际交流和合作方面起着越来越重要的作用。

Dining etiquette

It is important to know how to conduct oneself properly at the table. The rules of dining etiquette are fairly straightforward and mostly require common sense.

Napkin. When dining with others place your napkin on your lap after everyone at your table has been seated. Do not open your napkin in mid-air. As you remove your napkin from the table, be sure open below the table level and place on your lap. If you must leave a meal, do so between courses, and place your napkin on your chair or to the left of your plate. When a meal is completed, place your napkin to the right of your plate—never on the plate.

Served. Wait for everyone at your table to be served before beginning to eat. However, if an individual who has not been served encourages you to begin eating, you may do so. Eat slowly while waiting for their food to be served.

Soup. When eating soup, think of making a circle: spoon away from you, bring around to your mouth and back to the bowl. Soup is taken from the side of the soup spoon—it is not inserted into your mouth. Do not slurp or make noises when eating soup.

Utensils. Be careful how you hold your utensils. Many people tend to make a fist around the handle of the utensil—this is the way a young child would grasp a utensil (not an adult). There are two acceptable ways to use the knife and fork: continental fashion and American standard. Continental fashion—the diner cuts the food usually one bite at a time and uses the fork in the left hand, tines pointing down, to spear the food and bring it to the mouth. American standard—a few bites are cut, the knife is laid across the top of the plate, sharp edge toward you, and the fork is switched to the right hand, if right-handed, tines up to bring the food to the mouth. (Do not cut more than two or three bites at a time.)

Bread. Bread/rolls should never be eaten whole. Break into smaller, more manageable pieces, buttering only a few bites at a time. Toast and garlic bread however may be eaten as whole pieces since they are usually already buttered. If you are served a piping hot muffin or biscuit, you may break in half crosswise, butter and put back together. However when ready to actually eat, break it into small pieces.

Glasses. A variety of types and sizes of glasses can be used throughout the meal. Remember your items to drink will be located in the area above your knife and spoon. Coffee cups may be located to the right of the knife and spoon.

Alcohol. Alcohol, if consumed, should be in moderation. In most cases you may have a drink during the social hour and wine(s) with the dinner. You do not have to finish your drink. In fact slowly sipping is recommended. If you do not want an alcoholic drink, politely decline.

Buffets. Buffets provide an opportunity to select items you enjoy. Do not overload your plate. Select a balanced variety of food items.

Ordering from Menu. As the guest select an item that is in the mid-price range, easy to eat and you will enjoy. Consider asking your host/hostess for a recommendation before making your decision. As the host, it is helpful to take the lead in ordering appetizers and wine, if these are to be served.

Finished. When finished with a course, leave your plates in the same position that they were presented to you. In other words, do not push your plates away or stack them.

Guest. If you are someone's guest at a meal, ask the person what he/she recommends. By doing this, you will learn price range guidelines and have an idea of what to order. Usually order an item in the mid price range. Also keep in mind, the person who typically initiates the meal will pay. Remember to thank them for the meal.

参 考 文 献

祝西莹、徐淑霞：《中西文化概论》，北京：中国轻工业出版社，2005 年。

王国锋：《从影片〈推手〉和〈喜宴〉看中西饮食文化差异》，《作家杂志》2010 年第 6 期。

刘承华：《文化与人格——对中西方文化差异的一次比较》，合肥：中国科学技术大学出版社，2002 年。

王奇民：《英美社会与文化》，北京：科学出版社，2008年。

窦卫霖：《跨文化商务交际》，北京：高等教育出版社，2006年。

约瑟芬·克林顿：《商务礼仪英语》，北京：北京大学出版社，2003年。

http：//gtjj.koucai100.com/a/goutongjiaoji/jiaojiyongyu/20100902/5120.html

第七单元
性别文化与跨文化交际

Once made equal to man, woman becomes his superior.

— Socrates

跨性别交际是跨文化交际的一种重要形式，是跨文化交际中一种亚文化间人们所进行地面对面的交流。男性和女性由于分属于不同的亚文化群体，在运用语言进行交际时难免表现出一定的差异,正如特妮（1990：18）指出："男孩和女孩在不同的性别文化中成长，不管他们是生活在同一个国家，还是生活在同一屋檐下，受同样的教育，在运用语言进行交际时，也难免表现出一定的差异……男性与女性间的交际是跨文化交际。"这些差异有时会以各种方式影响到交际活动的顺利进行,或是令交际双方产生交际误解,或是引起交际冲突。只有了解不同性别的交际规则和交际方略，培养对交际规则的敏感性以及性别文化差异意识，才能克服性别文化差异所导致的交际失败，达到有效交际的目的，成为有效成功的跨文化交际者。

> **知识要点**
> 1. 跨文化交际中的性别规则与特点
> 2. 跨性别文化交际中语言差异
> 3. 跨性别文化交际失误与对策
>
> **能力要求**
> 1. 了解不同性别的交际规则和交际方略
> 2. 理解性别差异所导致的交际失败原由
> 3. 避免跨文化交际中性别歧视

 案例导入

有个十来岁的波多黎各姑娘在纽约一所中学里读书。有一天，校长怀疑她和另外几个姑娘吸烟，就把她们叫去。尽管这个姑娘一向表现不错，也没有做错什么事的证据，但校长还是认为她做贼心虚，勒令停学。他在报告中写道："她躲躲闪闪，很可疑。她不敢正视我的眼睛，也不愿看着我。"校长查问时，她的确一直注视着地板，没有看着校长的眼睛。

碰巧有一位出生于拉丁美洲家庭的教师，对波多黎各文化有所了解，他同这个姑娘的家长谈话后对校长解释说：就波多黎各的习惯而言，好姑娘"不看成人的眼睛"。这种行为"是尊敬和听话的表现"，与英美人"不要相信不敢直视你的人"这样一句名言相矛盾。

幸而校长接受了这个解释，承认了错误，妥善处理了这件事。这件事不但给他留下深刻的印象，也使他记住各民族的文化，甚至性别之间的文化的不同。

 知识要点

跨文化交际与性别

（一）跨性别交际规则与特点

性别文化是指社会为不同性别（sex）所规定的信仰、价值和行为体系。人们通过交际，在社会化的过程中获得文化或性别身份，成为不同性别文化的成员。20世纪70年代社会语言学家们研究得到了这样一个结论：同一社会中的不同群体享有不同的语言体系，从而导致不同言语社团的存

在。当一个群体共享一套如何交际的规范时,就构成一种交际文化。不同性别文化的角色取向和交往规则势必反映在相应的交际风格或交际方略方面。国外学者关于性别文化交往规则的研究和讨论的结果大致归纳如下:

1. 女孩的交际规则与特点

无论在语言还是交际风格方面,男女都有很大区别。女孩游戏时,不喜欢成群结队,而喜欢三三两两在室内玩耍;她们与同性之间亲密无间,平等相处,相互承诺,相互信赖,并喜欢用言语交流。从五岁起,她们习得了以下规则:

1)言谈琐碎,生动有趣,注重枝节方面内容;
2)用言语建立和维系和谐关系;通过展示自己与对方取得共识;
3)用言语或非言语行为支持别人来与对方建立平等关系,寻求共同点和一致性;
4)同情别人,善于移情;包容他人,以询问方式参与交谈和争取发言机会;
5)极少打断并全神贯注听别人的讲话,不争夺发言权并及时对别人所讲的话做出反应;
6)常做出试探或建议性反应,以使对方能自由阐述自己的观点。

2. 男孩的交往规则与特点

男孩的世界是以等级划分的,这与女孩的平等世界有很大的不同。男孩一起玩耍的人数较多,彼此间的年龄差异也较大。在玩耍中,男孩喜欢学习如何才能成为"头领",如何才能操纵别人。事实上,男孩间的关系在很大程度上是一种操纵与反操纵的关系。男孩活动在一个高度个性化并井然有序的世界,养成了与女孩迥然不同的交际规则:

1)谈话呈线性流动,其目的明确,尽量避免琐碎枝节;
2)用言语表明自己的权威和自信,不轻易展示自己,以使自己处于有利地位;
3)用语言确定自己的主导地位,设法引起别人的关注;
4)垄断发言权,及时表明自己的观点和意见,帮助解决问题;
5)喜欢占有、支配,具有较强的独立精神,无需把发言权让给别人;
6)自信、果断,对别人的话反应快,以显示自己,使别人逊色。

从以上规则可以看出:女孩的交际具有情感型的特征。她们的交际一般是以建立和谐的关系为目的。而男孩的交际主要是为了达到某种目的,取得某项成就;对男孩来说,交际有很强的目的性。他们想在交际的过程中实现自己的特定目的。

(二) 跨性别文化交际规范之冲突与敏感

1. 跨性别文化交际规范之冲突

男女性别交际文化的存在势必为两性在交际的规则、规范、交际风格和方略、心理定势,乃至价值观念等方面造成差异,这就为两性之间的交际带来了困难。比如:与人交际时,女性常用"mm","um","huh","yes",或点头等非言语行为。对女性来讲,这些符号表达的意义是支持或鼓励对方的谈话;意味"I am listening to you. Please continue."。

然而,男性则误解为:"I agree with you."或"I follow your argument so far."。这是因为通常情况下,多数女性在交际中常常是作为"听话人"在参与交际。反之,如果在谈话过程中,一个男性向一个说话的女性偶尔点头,或者说"mm","um","huh","yes"等,并不表示他们总是同意女性的观点。女方不能以此断言肯定,他只不过表现出尊重而已。

异性之间交往,如果缺乏对性别文化差异的敏感性和意识性,用自己的性别文化规则解释、判断和评价对方的行为(言语或非言语),相互误解就在所难免。如:A 男和 B 女是同事,在一次服装设计表演的讨论会上,A 男发表意见时,B 女一直点头,并不时说一些类似"mm","um","huh","yes"等词。当 A 男讲完自己的意见征求 B 女的看法时,B 女说:"I really don't think that plan will sell the product"(我认为这个主意根本不会赚钱)。听到这句话,A 男感到很困惑,他反问道:"Then why you kept agreeing while I was presenting my idea?",结果两人不欢而散。

产生以上误解的可能性主要有以下两个方面的原因:
1) 男方误以为女方不停点头是同意自己的观点。
2) 女方不停地点头是表示对对方的尊敬,并不代表认同对方的观点。

据威廉(R. S. William,1976)调查发现,男女在表达各自意见时表现各异。男性会直接提出要求、批评和异议,有时甚至会高声争辩。而女性则是有礼貌地、委婉地表示不同意见或提要求,有时甚至沉默不语,但这并不表示她认同对方。

2. 跨性别文化交际的敏感区

同一社会文化中的性别文化存在着差异,而不同的社会文化之间也存在性别文化差异,这些差异,尤其是一些非言语行为,是跨性别交际的敏感区,非常容易导致交际的失误,需要我们在实践中注意。比如一位男性向一位来自另一种文化的女性做了噘嘴的动作,他的本意是表达:"噢,你在这儿,我一直在找你。"而在对方的文化中,他的动作是有袭击性的。

美国学者 Beth Casteel 发现日本和美国都允许女性互相触摸,但男性之间不可以。在韩国,男性之间手拉手,亲密地走在一起是表示友谊而不是爱情。又如，一位中国雇员何某邀请他的外国上司 Mr. Keck 参加一次家庭聚会。当 Mr. Keck 与何某的祖母见面时，他低头吻了她的脸颊，老祖母非常吃惊，因为这在她的文化中是不尊重他人的行为。

与异性交往时，以自己的性别文化规则解释、判断和评价他人的言语和非言语行为，在交际中容易引起误解。一般说来，以下几个方面是跨性别文化交际十分敏感的区域。

1）提问：男女双方对提问题的行为有不同的解释。女性把提问当作建立和谐关系的重要手段，也是鼓励对方完成谈话的重要手段；而男性则仅把提问当作获取信息的手段。

2）转换：男女对话题的转换有不同的解释和不同的做法：男性习惯直接切题，话题转换突兀，让女性始料不及；而女性喜欢绕弯子，谈论一些琐碎细节。

3）建议：男女对劝告、建议持有截然不同的态度。女性喜欢情感交流，相互倾诉；而男性喜欢帮助解决实际问题，直接提供建议，有时会像专家那样滔滔不绝地讲述自己的观点和意见。

4）态度：男女对"侵犯"性语言也有不同的解释。女性倾向于把男性"侵犯"性语言看成是对个人的攻击，是破坏和谐与友谊的行为；而男性则把这种行为当作谈话得以进行的惯常手段。

5）表达：女人表达自己时，常常先重述别人刚刚讲过的内容，之后才发表自己的意见；而男性发言时，常常无视别人谈过的内容，直陈自己的意见。

语言学家们调查研究表明，在公共场合或两性会话中，女性更倾向于保持沉默。男性在交际中喜欢表现自己的权威、自信、果断、竞争、喧哗、雄心勃勃并且具有挑衅性。女性喜欢说些恭维话以寻求和谐关系。如果此时男性缺乏对性别文化差异的敏感性和意识性，认为女性是在称赞自己和喜欢自己，那就大错特错了。

 技能训练

小组讨论：为什么中国主人建议美国人换掉绿色的帽子？

Once, an American teacher went to visit a Chinese family with a "green hat"（绿帽子）on his head. The Chinese hostess suggested that he changed another one. The American was very surprised and asked why?

 案例导入

伊芙做了手术，把良性乳瘤切除了。手术后，伊芙告诉她姐姐，说手术

缝线使乳房变了形,她感到十分难过。姐姐安慰她说,"没事儿,我做手术那会儿也是这样。"后来,好友看望她时,伊芙诉说自己的苦恼,好友安慰她说:"我理解你的苦恼,好像自己的身体遭受侵犯一样。"姐姐和好友的话使伊芙感到安慰。

后来,当伊芙向丈夫马克诉苦时,丈夫却说道:"那你可去做整形手术嘛。"

丈夫的话使伊芙更烦恼。她愤怒地说:"我很遗憾你不喜欢我现在这个样子,但我再也不去动什么手术了!"。伊芙本希望听到丈夫的安慰话语,可丈夫却让她做手术。马克委屈地说,"我不明白你怎么啦?我根本不在乎手术疤痕,我不会看了疤痕不舒服。"

伊芙说:"那你为什么还叫我去做整形手术?""因为你自己说不喜欢这个样子!"马克回答:"我只是想满足你自己的愿望而已。"

分析:此案例是因为性别交际引起的误会。伊芙感到难过,所以在形式上是对丈夫诉苦,实则是特别担心丈夫嫌弃自己。而马克建议妻子手术,是想直接解决妻子关于乳房的苦恼。然而,马克不知道,伊芙期望得到的是安慰话语,而马克给予的是建议。这就是性别交际风格的差异造成夫妻二人之间的交际失败。

能力目标

一、跨文化交际中性别文化差异

(一) 语言交际中性别文化的差异

1. 词层与句层的性别文化差异

语言是社会的一面镜子,词汇又是语言的一面镜子。不同性别的男女在使用词汇方面存在着很大的差异。在中国的清代,皇帝后宫三千,妻妾等级分明。因此,有关后宫嫔妃名称的词汇就很多,如:皇后、皇贵妃、妃、嫔、贵人、才人等;英国是一个君立宪制国家,贵族夫人的爵位也等级森严,但无嫔妃、妻妾等之说,也没有专门的后宫,只有公爵夫人和伯爵夫人等之称。这两组不同的名称体现了中英文化由各国不同的体制所致。

汉语中表示女眷关系的词汇比英语要多,如:伯母、婶婶、舅妈、姑妈、姨妈、堂姐、堂妹、表姐、表妹,这些词汇区别甚严,既有性别之分,又有大小男女之别。而英语却只有 aunt(伯母、婶母、舅妈、姑妈、姨妈),cousin(堂姐、表姐、堂妹、表妹)之分。可见汉语的亲属关系比英语复杂得多。

跨文化交际中英汉句法体现很大的性别差异。在汉语中，男人总是与伟岸有关，女人与"妩媚漂亮"相连。男人被称为"伟丈夫"，而女人被称为"红颜"，英文有"A man is successful. A woman is sexy"隐含女性在社会中靠姿色生活，与汉语的蕴含相去不远。

2. 性别语言风格差异

莱考夫(Lakoff)以及许多社会语言学家都相信语言上的性别差异反映出男性与女性交往风格的不同。女性在语言使用方面所表现出的风格如下：

(1) 常使用闪避词。如 sort of, I guess, I'm afraid that..., I'm not so sure but.... 等，以回避直接的表态；

(2) 常用强化词，如 so, very, really, absolutely 等，表达方式较为夸张，以加强语意效果；

(3) 更多地使用感叹词，如 Oh dear, Goodness, Dear me 等，突出情调温顺的特点；

(4) 使用只表达情感而不含信息的形容词，如 wonderful, awful, fantastic 等以达到夸张的效果；

(5) 趋向于用委婉、模棱两可的表达方式，如 I think, I suppose 等。

男性在语言使用方面所表现出的风格如下：

(1) 经常使用语言发布命令，如 Get up; Give it to me!

(2) 喜欢谩骂或嘲弄别人，如 You're a dolt, 或进行言语威胁，如 If you don't shut up. I'm gonna over and bust your teeth in.

(3) 喜欢口头争辩，如：I was here first.

(4) 发音不够标准；较少使用强调词和修饰语，较多使用粗俗的语言，如咒骂语 shit, damn, hell 等，或常使用俚语；

(5) 语气直接而肯定，较少使用调节结构、附加疑问句。话语中不合语法规范的句式较女性多。

了解男女之间在语言使用方面的风格差异，有利于建立一种和谐的交际气氛。

(二) 非言语交际中性别文化差异

非言语交际是对非言语手段的具体运用，是指人们运用非言语手段相互沟通思想感情的活动。男女在非言语行为过程中表现出来的表情、眼神、姿势等内容很多不一样。在中国的西方妇女常常抱怨中国人抚弄了她们的婴儿和孩子。不论是摸摸、拍拍、抱抱或是亲亲孩子，都使那些西方的母亲感到别扭。尽管她们知道这种动作毫无恶意，只是表示喜欢孩子或亲近孩子。但在她们自己的文化中，这种动作会被人认为是无礼的，也会引起对方强烈的反感和厌恶。

在英语国家,同性男女身体接触是个难以处理的问题。一过了童年时期,就不应两个人手拉手或一个人搭着另一个人的肩膀走路。否则,这将被视为同性恋,而大多数国家是反对同性恋行为的。

1. 体触语的差异

男女两性在体触语交际上表现出来的差异主要有两个方面。一是同性之间的体触,特别是用手抚摸对方的行为,男性少于女性。男性之间的触摸主要发生在长幼之间,以及社会地位悬殊较大的两人之间。而女性之间的触摸则较自然和普遍。二是异性之间的触摸,男性抚摸女性的情况多于女性抚摸男性,除非他们是恋人、夫妻等亲密关系。

再次是面部表情语的差异。女性总是比男性更爱微笑。大多数女性在聚会、舞会和其他公共场合中都能以微笑来体现自己的端庄和严肃。所以,在交际中女性的微笑不一定反映肯定的情感,有时甚至与否定的情感交织在一起。

2. 非语言风格差异

在许多国家里,两个妇女见面拥抱亲亲是很普遍的现象。在多数工业发达的国家里,夫妻和近亲久别重逢也常常互相拥抱。对于两个男人是否应互相拥抱,各国的习惯不同。阿拉伯人、俄国人、法国人以及东欧和地中海沿岸的一些国家里,两个男人也热烈拥抱、亲吻双颊表示欢迎,有些拉丁美洲国家的人也是这样。不过,在东亚和英语国家,两个男人很少拥抱,一般只是握握手。

若干年前,发生了这样一件事:当时日本首相福田赳夫到美国进行国事访问。他在白宫前下车,美国总统上前紧紧拥抱,表示欢迎。福田首相吃了一惊,日本代表团成员也愣住了。许多美国人感到奇怪——这种情况很少见,完全出乎人们意料。如果美国总统按日本人的习惯深鞠一躬,大家就也不会那么惊讶了。

技能训练

讨论:

1. 两个男青年或两个女青年同行时,时而亲密搭肩,时而亲密拉手。请问:在西方个别国家是否合适?

2. 电梯里一位西方男士紧挨着一位中国姑娘,从头到脚盯着看,看的姑娘满脸通红,不好意思。当电梯停下,西方男士说:"你真漂亮。"女士回答:"没教养。"西方男士一怔,无奈摇摇头。

分析:西方男士不了解中国传统文化,冒犯了女性的矜持。可见,文化差异对交际的影响很微妙，并且容易被人们忽视。因而是不同文化背景的人们交际中潜在的一种危险。稍不注意，就会造成思想不能沟通，甚至发生误解和冲突。

二、跨性别文化交际：失误与对策

（一）跨性别文化交际失误

性别文化定势（stereotype）使得男女形成不同的性别角色和性别身份，二者具有不同的价值取向。女性的性别角色为"情感型"，而男性的性别角色为"工具型"（为了某种目的），这样势必产生两性之间文化冲突和碰撞，并通过语言或言语行为得到具体体现。

美国畅销书《男人来自火星，女人来自金星》的作者格林（J. Gray）在其书中列举了十个容易引起误解的女性抱怨及男性可能有的不赞同反应：

表1 跨性别差：误解与反应

女人的说法	男人的反应
我们从来没有出去过。	不对，上个星期我们才出去过。
人家都不注意我。	我相信人家很注意你。
我累得什么事也不能做了。	真荒谬，又不是没人帮你。
我想把所有的事都忘得一干二净。	如果你不喜欢你的工作，辞职算了。
房间里老是乱七八糟的。	不是"老是"乱七八糟的。
再也没人要听我说话了。	我正在听你说话啊！
没有一件事做得好。	你是指我做错了吗？
你不再爱我了。	我当然爱你，不然怎么会在这儿。
我们老是匆匆忙忙。	才没有，这个星期五我们很轻松啊！
我喜欢浪漫一点。	你是说我不浪漫吗？

性别角色之间产生交际失误的原因很多，仅从性别差异的角度来看，有五种基本情况：

1. 不同的谈话方式

有研究表明，大多数女人把交谈当作增进相互间感情的一个途径。女人非常注重显示彼此间的共同点和相似经历。从孩提时代起，女性就觉得在家里同一个或两个或几个相互熟悉的人在一起交谈时，最能够给人一种安全感。换言之，她们觉得私下交流最亲切、最愉快。即使是公开的场合，她们也能够进行私下谈话，即进行的是聊天式的谈话。

对大多数的男人来说，交谈是维护自己的尊严，并在这个上下有序的社会里为自己争得一席之地的一种手段。男人喜欢显示自己的才能，喜欢通过讲故事、说笑话、谈见解等方式出风头。从孩提时代起,男性就喜欢通过说话来吸引别人的注意力。因此,男人习惯面对众多陌生人的面孔说话。从广义上说,这就是一种"公开式谈话"。即使是私下的场合,他们也能够进行公开谈话,即报告式的,而不是聊天式的。

有一次,一对夫妇应邀参加聚会,那位滔滔不绝的男子手指着自己一声不吭的妻子说:"在家里她比我能侃。"在场的人都笑了起来。紧接着,几位妇女补充说:"只要丈夫不在场,妻子还是能说的。"分析起来,这种现象的发生有两种可能性。一是有男人们参加的交流,便是一种公开性的交流。另一种可能是:妻子也许慑于丈夫在场,也许认为丈夫与自己是一个整体,不需要自己多嘴再说什么。好比夫妻驾车外出,多数自然是丈夫开车,除非丈夫不在或者不会开车,妻子才会自己开车。

一般情况下,男人在公开场合发言较多并不表示他们的本意就是要阻止女人发言,而是男性天生善于通过公开发言密切相互间的关系。在性别交往中,男女如果能够多了解彼此的谈话风格和场合,就会少去很多不必要的误解和麻烦。

2. 不同的谈话态度

男女对待冲突的态度不同。男性通常只注重问题的本身,女性则喜欢去挖掘问题背后的原因。比如,一对夫妻半夜争吵:

夫:怎么回事?

妻:你把床都占满了。

夫:对不起。

妻:你老是这样。

夫:怎么样?

妻:总是一个人睡满床。

夫:我睡着了,睡着了哪知自己干了什么?

妻:那么那次呢……

接着她开始数落他以前的不是。两个人在争论中很难找到共同的出发点,因为他们脑子里想的根本不是一回事。他只是思考问题的本身,不就是睡着了多占了床而已。而她的深层含义是,你只顾你自己,不在乎我。

3. 不同的出发点

两性可能说着同样的话语,但却表达着"不同的"内涵。女性感情丰富,表达的自由度比较大,因此,女性的话语带有比较多的情感色彩,属于情感型;男性习惯于陈述事实和资料,通常关注言语表达的字面内容,属于事实型。如,一对夫妻,产生矛盾,对话如下:

妻:你明知道我不喜欢,为什么还这么做?

夫:你不能限制我的自由。

妻：但你这样做我不高兴。

夫：你就不能够给我点自由！

表面上看，这只是双方意愿发生冲突的对话。丈夫的欲望和妻子的期待发生冲突。而实际上，男人强调的是自己的独立和行动自由，而女性强调的是相互间的依赖关系。丈夫把妻子强调的依赖关系误解为操纵，妻子把丈夫的行为看成是用情不深。这是个着重点不同的问题，不是因为关系不好或不相亲的缘故而导致的一些误解。

女人所使用的字面意思很容易误导习惯于陈述事实和资料的男人。她们其实是用这些戏剧化的语言来表达自己的内心感受，比如女性说"人家都不注意我"时，其实是想发泄一下自己因少有人注意而产生的挫败感，而男性却极有可能理解成是针对自己的抱怨和指责。

由于男女说话的出发点各有侧重，在谈话的内容上也有所不同。男人在谈话时的信息交流量较大，男人谈话的目的一般和个人生活没有很大的联系，而多是社会、政治、国际、体育等问题，会针对某一事件发表自己的看法，但感情色彩并不太浓。女性讲话特别注意言辞的礼貌和得体程度，她们对礼貌的要求比男性普遍高上一个档次。在所指相同的情况下，女性往往选择礼貌程度高的表达方式。她们在请求时，常常使用间接请求形式 would you please...？Do you mind...？在男性看来，这些行为都是做作。

由于两性对语言得体性的要求不同，在合作与协调方面亦表现出不同能力。比较突出的就是男性话语直白，女性话语隐含。女性尤其忌讳对他人直接表示不满，常用委婉含蓄的间接表达方式。男性有时把握不住女性话语的真正含义，误会由此产生，语言交际偏差在所难免。

4. 不同的话语风格

女人的语言是以亲近关系为核心，而男人的语言是以独立为核心。人类学者丹尼尔.马尔茨和鲁思.博克通过研究发现，男女交谈就好比是跨文化交际，相互间的谈话方式有着很大差别。

心理学家 H.M 利特·佩莱格里尼进行了一项实验，目的是要弄清楚男女交谈风格有何不同；谁说得多，谁控制着话题的变化等。造成这些问题的因素是什么？是性别还是专长？她根据若干组男性、女性以及若干组男女的讨论发现，在对待电视中暴力镜头对儿童影响发言时，男性发言主动权大于女性。实验表明，男性间相互交往的风格以权利为基础，女性间相互交往的风格倾向于维护相互间的关系和支持。两性交往风格各有特色。男性更注重话语的主动权，女性更重视谈话中的协调关系，会积极回应谈话对象，因而女性被公认为优秀的交谈对象。

5. 话语权问题

利特·佩莱格里尼认为，异性间的交谈，男人玩的是"我赢了吗？"的游戏;而女人玩的是"我给别人帮上忙了吗?"的游戏。换个说法:女人的游戏是:"你喜欢我吗?"男人的游戏是:"你尊敬我吗?"男人在寻求尊敬的同时反而招致了女人的厌恶,就好像女人在寻求喜爱的同时反而失去了男人对自己的尊敬一样。

女人在语言交流时的中心并不是自己,所以她们在发表自己意见的同时会不时询问一下对方的看法,或停顿一下,给予对方说话的机会。所以女人常常觉得男人不给她们说话的机会。

问题不在于哪个男人或哪些男人有多少话语权,而在于男人和女人都有必要主动找些机会发言。男人应该理解,女人不随意发言,是因为有一些顾忌,而不意味着男人拥有更多的话语权。正如在许多领域里一样,如果人们不熟悉这个领域,即使被赋予同等的权利,也不见得能保证他/她们获得同等的机会。

(二)跨性别文化交际失误的对策

语言本是人们沟通的工具,没有性别之分。但由于男女的社会分工、性格特征和生理特点不同,言语交际中就会出现不同的性别特征。美国有一位学者先后十次在费城街头收集不同年龄、种族、职业的男、女行人的谈话,进行比较研究。结果发现,与男人的语言相比,女人的语言至少有下列特点:

1) 女人喜欢使用第一人称复数形式,比如 We need...(我们需要),而男人喜欢使用第一人称单数(我),比如 I want...(我想要)。

2) 女人喜欢使用平易、通俗的单词,比如用 nice, sweet 等来形容"好",而男人喜欢使用华丽、夸张的单词,比如用 splendid, gorgeous 等来形容"好"。

3) 女人重视语法的正确性,比如 We're going to...(我们正在去/即将去),而男人不重视语法的正确性,比如 We're gonna...(我们正在去/即将去)。

4) 女人喜欢直接引用,比如 Hannah said...(汉娜说),而男人喜欢间接引用,比如 She said that...(她说)。

5) 女人喜欢礼貌表达,比如 Would you please...(您能),而男人喜欢常规表达,比如 Can you...(你能)。

两性对话中引起摩擦和冲突,来自于男性与女性在不同文化环境所产生的对话风格差异。所以说,两性的对话就像是跨文化的沟通,因不同的沟通风格而导致不同的理解方式,就有可能产生摩擦。要避免摩擦的方式,就是要了解不同沟通风格的差异,并听出其话语的弦外之音,最终给予对方所期待的反应。

性别交际文化,如同在某一社会内存在着不同的语言社团,在同一主流文化圈存在着不同的交际文化一样,也存在不同的交际规则和交际行为的不同的解释规范。交际者了解这些差异,寻求理解,就可以成功化解交际中的冲突。

1. 请用男性语言风格改变下列表中的句子

女性风格	男性风格
The lecture is terribly interesting, isn't it?	Oh, it's pretty interesting!
That's pretty silly, wasn't it?	
Would you mind taking the heavy bag for me?	
Could you open the door for me?	
Would you have a cup of coffee?	

2. 回答下面的问题

(1) A Chinese young woman who was new in the US was complimented for the lovely dress she was wearing. It's exquisite. The color is so beautiful! How do you think she responded? How would an American woman respond?

(2) A Canadian woman acquaintance of a Chinese art teacher asked him to look over an article that she had written about Chinese painting. He agreed, but added something politely. What do you think he would like to add?

(3) A famous Chinese actress married a German. One day when she was acting, her husband was there watching, saying again and again that she was the best actress. The actress's colleagues present asked her afterwards to tell her husband not to praise his own wife like that in public. On learning this, the German was confused in the first situation and surprised in the second.

三、如何避免跨文化交际中的性别歧视

性别歧视是以性别为基础而产生的一种社会歧视现象,朗曼英语词典对"性别歧视"的解释是:"以性别为基础的歧视,尤其是男性对女性的偏见。"《美国传统字典》的定义是:"一种性别成员对另一性别成员,尤其是男性对女性的歧视。"虽然它可以表现为男性对女性的歧视,也可以表现为女性对男性的歧视,但是"性别歧视"通常是指对女性的歧视,是人们对女性的

偏见和男女社会地位不平等的反映。即使在标榜人权、平等的西方发达国家,也有女性 the weaker sex/the second sex 之说,意即女性是男性的陪衬或附属品。

(一) 人际称谓中的性别歧视

英汉语言在话语上存有一些性别暗含,交际要特别谨慎。如:"Three women and a goose make a market."三个女人一台戏,来形容女子多舌。"A woman's mind and winter wind change oft."(冬天里的风,女子的心胸——变化异常)。汉语中也有"水性杨花",描绘女子用情不专。英语中的"Daughters and dead fish are no keeping louder than the cock."与汉语中的"女大不中留"同出一辙,均反映出对女性的不尊重。

1. 亲昵称谓

在西方,男性上司称呼他们的女性下属时可用一些表示亲密关系的昵称,如 sugar,darling,sweetie,girlie;反过来,女性下属却不能用这些昵称来称呼她们的上司,而且女性上司也不能如此来称呼她们的男性职员。可是,陌生男子或非亲密关系的男子却可用昵称来称呼女子,这说明在英美社会女性比男性社会地位低,受到的尊重比男性少。

2. 姓名称谓

在西方,女子婚前一般用父姓,婚后改用丈夫的姓,如:在西方婚礼上,新郎新娘步入教堂时,牧师宣布:"I now pronounce you man and wife."婚后的男子依旧是 man,而婚后的女子则由 Miss 变成了 wife。当时的美国总统 Bill Clinton 的夫人 Hillary Rodhamon 也支持已婚女性应当标注夫姓,而不应继续标注父姓。尽管 Hillary Rodhamon 本人是一位女权运动者,但她还是把自己的名字根据丈夫和自己的政治需要,先从 Hillary Rodhamon 改为 Hillary Rodhamon Clinton,最后改为 Hillary Clinton。然而,不管怎么改,都不能超出如下选择:要么跟父亲姓,要么跟丈夫姓。这种以丈夫的姓冠之于前的称呼,表明妇女出嫁后就成了丈夫的私有财产,是属于丈夫的,无法得到与丈夫平等的权利。

3. 指代称谓

提到男女双方时,一般是男先女后,男性先于女性。如 king and queen, brother and sister, father and mother, boys and girls, husband and wife, Adam and Eve, man and woman, Mr. Lucas and his wife Louise 等表达法。

一些形式上没有男性标志的词意,人们习惯上把它们当作是男性词看待。英语及其他讲英语国家的人习惯认为 professor, doctor, lawyer, surgeon, barrister, magistrate 等为男性,当我们听到有人说:My cousin is a professor 时,多数人会断定该 professor 为男性。若要说明这些词是女性的,一般在前面加上 woman,lady,female 等修饰语,如：woman professor, lady doctor,female worker 等。这些所谓的中性词的用法从一个侧面反映出旧社会中地位较高的职业为男子所垄断,相反地 teacher, nurse, secretary, model 等一般被认为是女性,如特指男性时,前面加上 male 或是 man,如：male nurse, man teacher。这些习惯,除了历史现实情况有关,也可以说是一种社会偏见。

(二) 词语发展中的性别歧视

在英语中具有性别歧视的女性名词并不少见。几乎所有的女性名词都带有贬义,如 queen, lady, mistress, madam 等词,其贬义为"雌猫""情妇"以及"鸨母"等,而与之对应的 king, lord, master, father 等词,如将他们的起首字母大写即可升格为"上帝""基督""主""神"等意义。

其次,英语中常用一些动物的名称来指称某些女性。比如：bat（贱妇、丑妇、妓女）; dog（丑妇、贱妇、没有成就的女人、妓女）; chicken（见面熟的年轻女人）; cat（恶妇、包藏祸心的女人、可悲的女人）; cow（子女多的女人、肥胖而不整洁的女人、经常怀孕的女人、妓女）; mutton（放荡的女人、做少女打扮的老妇女、妓女）等等。

更重要的是,英语中还有一些带有轻蔑色彩,专指中老年妇女的贬义词,如：trot（老太婆）; hen（爱管闲事或嘴碎的中年妇女）; warhorse（粗声大气、肥胖固执的女人）; crone（干瘪皱皮的老太婆）; hag（爱做坏事的老丑妇）; witch（老丑妇）; biddy（长舌妇）; harridan（面容枯槁、脾气暴躁的老妇）等等,其轻蔑之意显而易见。

(三) 谚语运用中的性别歧视

1. 理性类

宋朝黄六鸿《福惠全书·弄名部》载："妇人水性杨花,焉得不为所动",诋毁女子"用情不专""缺乏理性",在英语中就有相类似的谚语,如：Long hair and short wit.（头发长,见识短）, When an ass climbs a ladder, we may find wisdom in women.（若要女子有才智,除非毛驴攀上树）, Women, wind and fortune are ever changing.（女子、风向与命运,翻天覆地无常态）等等。

2. 婚嫁类

在英语中,有很多句子也表示对女性的蔑视,如 A fair face is half a portion.（姿色艳,嫁妆半）, When the candles are out, all women are fair.（烛灯熄,无妍女）, Marry your son when you will, your daughter when you can.（娶媳不忙,嫁女宜速）, There are many good women, it's true; but they are in their graves.（世上好女实在多,可惜都在坟里卧）,He that has a white horse and a fair wife never wants trouble.（倘若妻俊马俊,一世难得安静）等等。

3. 性情类

一代文豪莎士比亚曾云："弱者,你的名字是女人"（Frailty,your name is woman）弱女子的典型形象特征是"泪水涟涟"。此外,也有许多其他与轻视女性有关的句子,如：Woman is made to weep.（女子生来好哭）,Nothing dries so fast as a woman's tears.（易干不过女子泪）,Woman is made of glass.（女子脆复弱,像是玻璃货）,Glass and lasses are brittle wares.（少女嫩脆,瓷杯易碎）等等。

（四）与职业相关的性别歧视

许多表示职业的名词,如 engineer,pilot,scientist,writer,doctor 等对男女都适用。这些词汇原本是中性词汇,没有任何性的区别。然而,由于历史上男性长期占据社会主导地位,人们习惯把它们与男性联系起来。如上所述,在特别指女性从事相同职业时,往往在前面加上 female,woman,lady 等,从而使女性职业名词在外在的形式上呈现出"有标志性"。而行业名称冠以男性标记反而不符合语言习惯,但男保姆、男护士等表达法除外。只有一些地位较低的职业（如 nurse,secretary 等）,传统上让人联想到女性,而与男性无缘。这种习惯除了与历史和现实有关,也可以说是一种性别歧视。

男女交际,风格迥异。不懂男女间的差别,容易导致交际间的误解和矛盾。从跨文化的角度去看男女间的会话,有利于化解男女交往矛盾。人们总是希望别人能够听到自己说的话,但那不仅仅只是听,人们还希望能够得到别人的理解,理解自己想要说的话,理解自己的真正意图。对男女说话和交际方式的不同理解越多,男女跨文化交际就越成功。

技能训练

下列对话是否贴切？为什么？

A：What's your name?

B：My name is John Ports.

A：Where are you from?

B：I am from New York, USA.

A：How old are you?

B：(Hesitatingly) I am 40.

A：Are you married?

B：(Hesitatingly again) Yes. I am.

A：How many children do you have?

B：Three. Two sons and one daughter.

A：Where do you work now?

B：I work in an international business.

A：How much do you earn a month?

B：(No reply)

A：Are your children and wife in China or the USA?

B：In the United States.

A：Will they come to see you in China?

B：Yes. They will come next year.

 单元小结

　　语言是人类最重要的交际工具。语言学、人类学、社会学、交际学等学科对"跨文化交际中性别语言的差异"进行了大量的研究、这些也就包括：1) 男女在语音上的先天差别、在选词用语方面的差异以及在选择句式方面的性别差异；2) 从话语量、话题选择、会话风格、言语行为等方面。

　　研究者发现，男女两性在语言形式的运用及交际风格中确实存在差异。在语言形式方面男女两性的差异表现为：男性倾向于使用比较"粗糙"的语言，他们更加频繁地使用上升语调来表达他们对事物的不确定感；女性在交际中倾向于使用标准的语言来提升她们的社会地位，并且使用大量的修饰词和空泛形容词来夸大她们的情感。在交际风格方面男女两性的差异为：男性在公共场合较女性而言更加健谈，并倾向于打断别人以获取更多的表述时间来展示自己的能力、知识等。男性喜欢谈论体育、政治等不涉及私人情感的话题。目的是为了获得建议而非情感交流。女性在交际中，尤其是在公共场合，更倾向于倾听而非自我表述。她们更倾向于谈论一些比较个人的问题。在句式使用方面，男性愿意用陈述句和祈使句；女性常用疑问句。在策略方面，男性乐于直截了当地说出自己的想法或意见，而女性则比较委婉；男性在讲话时注重自己的独立性；女性却试图建立一种亲密关系。在文化方面，男性可以用自己的地位和薪水来实现自己的价值，女性则需要通过语言来显示自己与男性的不同。在心理方面，女性往往会不自觉地关心他人，这种心理使女性在语言上采取合作态度。男女之间性别差异的存在，难免导致跨文化交际中的失误。因此，在性别的跨文化交际过程中，我们应了解和掌握不同性别的话语风格，尊敬对方的讲话方式、灵活处理交际过程中的失误，以达到成功交际之目的。

Though women in many cultures have made tremendous gains in business in the past 30 years, the reality is that the world of international business is still mostly run by men. The "old boys network"—that bastion of male domination that invented the global business system—continues as the status quo in world business. From Bangkok to Berlin, males remain the main authority figures. Men promote men, men give other men the plum assignments, the promotions, the key responsibilities. Why? Because men feel more comfortable with men. They drink together, golf together, swap stories together. Basically, men can talk with other men with few inhibitions. Regardless of your view, the reality is there and women have to deal with it. But those men who still insist on stereotyping women as the weaker, less capable sex, had better look over their shoulders—someone is gaining on them. Women may not yet run the show when it comes to international business, but their impact is being increasingly felt across virtually all cultures.

The unfortunate reality in most cultures is that women in the business world are not yet taken seriously. In Asia, Africa, Latin America, many parts of Europe and even pockets of the United States, visiting business women can expect to run into a condescending attitude at one time or another. Unlike a male, a woman doesn't expect rank or title to automatically gain respect. At times, remarks, including sexual innuendo, will be aimed at provoking a reaction or simply for shock value. A thick skin is required, at least in the initial phase. Take the remarks, including compliments about appearance, in stride and move on to the next point. A lecture in political correctness or female equality can be counterproductive. It may also demonstrate your lack of cultural research.

参 考 文 献

胡文仲:《跨文化交际学概论》,北京:外语教学与研究出版社,2003年。
许力生:《跨文化交际》,上海:上海外语教育出版社,2008年。
鲍晓兰:《西方女性主义研究评价》,北京:三联书店,1995年。
http://www.china.com.cn/chinese/zhuanti/xxsb/545593.htm

第八单元
外语教学与跨文化交际能力培养

The perpetual obstacle to human advancement is custom.
— John Stuart Mill

近年来,培养学生的跨文化交际能力已成为我国外语教学研究的重要课题。人们已清醒地认识到,只着眼于教会学生理解和分析英语语句,或只要求学生能说能写是显然不够的。用英语进行有效沟通与交际不可不教,否则,学生在与英语母语者进行跨文化交际时容易出现失误,并常常因此而产生误解。比如,一位中外合资公司的女秘书一天工作干得非常出色,经理很满意,对她说:"Thanks a lot. That's a great help!"秘书回答说:"Never mind"。她想表达的是"没关系""不用谢"之类的话。外国经理感到特别扭。其实,"Never mind"在英语中常用于对方表示歉意,而自己不予介意的场合,是安慰对方的套语。秘书显然用错了表达语,导致了跨文化交际失误。由此可见,有效交际是培养学生跨文化交际能力的重要方面。

> **知识要点**
> 1. 有效交际的组成要素
> 2. 跨文化交际模式
> 3. 跨文化交际能力培养途径
>
> **能力要求**
> 1. 重视跨文化交际的有效性和恰当性
> 2. 掌握跨文化交际中的不同模式
> 3. 提高跨文化交际能力

某跨国公司的老板是美国人,而一位来自日本的职员工作非常勤恳,而且取得了很好的成绩。于是,美国老板有一次在公开场合表扬了这个日本职员。然而在表扬的过程中,这位日本职员一直默默不语,并没有表现出高兴的样子,并且借说有事抽身离开。美国老板非常不解,为什么日本人受到表扬还要躲躲闪闪。

分析:美国人一般都热情乐观,喜欢表扬和肯定他人。而且美国人非常的开放,喜欢在公共场合发表评价和议论。日本人相对保守,不太适应在公开场合接受别人的评价。如果案例中的美国老板能够在私下表扬这位日本职员,可能会收到更好的效果,也易于被日本职员欣然接受。

有效交际的语言文化因素

有效交际(effective communication),即成功的交际,指听话人在任何情节内能够理解说话人意图的交际。有效交际的两个主要的因素分别是有效性和恰当性,因此,跨文化前提下的"有效交际"就是指不同文化背景的人进行有效的、相互能够进行信息沟通与交流的交际行为及结果,并基于此建立一种恰当的、相互理解、相互信任的和谐关系。

有效交际首先着眼于交际的有效性,这种有效性建立在对语言的熟练掌握和对文化的认知和理解基础上。有效交际的组成要素可以分为能进行正常沟通的交际方、有效的交际媒介、合理的交际目的和效果。

（一）有效的交际媒介

有效交际的组成要素包括有效的交际媒介，可从两个层面来理解：1）信息发布的途径，即我们用什么方式来表达自己的意思，比如语言、表情、姿势等；2）信息传输的手段和工具，即我们用什么来在一定距离间传递自己的信息，我们今天所说的各种传媒如报纸、影视、网络等就是最常见的传播媒介。

首先，语言是思维的载体，按照我们对于交际媒介的第一种理解，我们进行交际的基本媒介是语言。语言是信息表达最清晰、最完整、最有逻辑性的工具。要想表达一个稍微复杂点的信息，必须要通过语言。其次，各非语言的媒介，如肢体语言、面部表情语言等对跨文化交际产生极大的影响。参与交际的人掌握语言和非语言的媒介越丰富，运用得越熟练，交际的有效性也会越大。此外，我们还要在平时的交际活动实践中，尝试着学习用非语言的媒介来弥补语言沟通上的障碍，掌握对方文化中常用的手势、表情、身体姿势等所表达的意思。比如我们习惯用点头来表示同意，但有的国家的人习惯用摇头来表示同意，这些差别要尽可能地区分清楚，才能够使沟通不会产生误解，从而保证沟通的有效性。

（二）传播媒介的有效作用

加拿大学者麦克卢汉曾有一句很著名的论断："媒介即讯息。"这一论断被作为传媒时代到来的号角被很多人引用，其主要意思就是强调媒介在当今信息爆炸时代所起的前所未有的作用。媒介本身包含了信息的显性和隐性的含义。如果一则新闻在网络的微博和个人日志中播报出来就隐含了草根和个人化的意义，人们多半不会太当真，而且很可能认为这个消息或许仅仅是鸡毛蒜皮的小事；如果此新闻在地方报纸上播报出来，就有了一定的权威性，说明这可能是在一定区域产生过一定影响的，具有一定普遍性和代表性的事件；如果在国家级报纸头版或央视新闻联播里发布出来，就说明这则新闻属于重大消息，人们会认为它代表了某种意义，而去探求里面所隐含的政策信息等等。因此，选择合适的传播媒介，对于实现有效的交际非常重要。

网络是公众进行日常交流的地方，尤其是个人的微博、日志、论坛、虚拟社区等。但常常有效信息的浓度不纯，信息准确度不高。在这些场合下，一般人们尽量弱化自己官方的身份，进行私人化的沟通交流。所以，网络在交际中常常被认为是一把双刃剑。一方面，大量的虚假信息干扰了正常的交际；另一方面，网络的海量信息和多维特征又的确给人们进行交际带来了许多便利，甚至可以说，网络使得普通民众的交际深度和广度得到了革命性的提高。

总之,网络作为当下影响最大的新型媒介,对于进行有效交际是十分重要的一环,只有合理地利用,才能在交际中占据主动,达到预期的交际目的和效果。

(三)合理的交际目的和适度的效果

要进行有效交际,首先必须要求交际方有较为合理的目的。如果目的不明确或定得太低,则容易使交际变得散漫,既不能有效交流信息,也不能增进彼此的感情。如果交际方带有很强的目的性,所定的目标太高,就使交际的氛围太过紧张,不仅会招致对方反感,也往往使得交际难以进行下去。

案例:某高校一个社团开展一个中外学生共同参与的座谈会,主席用汉语致欢迎词,并邀请大家自由发言。中国学生发言比较积极,外国学生微笑着坐在那,没有发言人。可见跨文化交际效果并不理想。

分析:现在许多国人在举行活动过程中,往往喜欢找一些外国人来凑数,用西方面孔来装点门面,试图以此来加强所谓"国际化""高端化"的形象。在这种活动中,中外的跨文化交际很难取得良好的效果,因为主办方并没有真正把实现有效的交际放在第一位,当然就难以实现好的交际效果。

许多人会邀请外国朋友来参加聚会,希望通过这种方式来为聚会增加人气和多样性,这本身是可以理解的。如果目标不明确,且无实质性的交流,不仅使外国朋友陷入尴尬的境地,而且也让本该轻松愉快的聚会气氛变得紧张怪异。

技能训练

According to the situations provided, select appropriate answers from the following choices:

1. (Context: In the students' room, one student made a suggestion to watch TV.)

Andrew: Would you like to watch a football match?

Xiao Zhang: a. Sorry, I am busy at the moment.

　　　　　　b. Excuse me, but I am not free.

2. (Context: In the train, two unacquainted passengers have pulled the curtain off at the same time.)

Mr. Brown: Pardon me.

Mr. Green: a. Never mind.

　　　　　 b. "It's nothing.

3. (Context: After school, a Chinese student want to call on his classmate Xiao Zhang.)

　　a. Can I go to your house tomorrow?

　　b. Can I come to your house tomorrow?

4. (Context: At a hotel, two students want to book a room.)

　　Xiao Ding: a. Let us have a double room, please.

　　　　　　　b. Let's have a double room, please.

5. (Context: An English student studying in China is talking with her classmate.)

　　Caroline: Your English is very good.

　　Xiao Qi: a. No, no, my English is very poor.

　　　　　　 b. Thank you. I am glad you think so.

答案: 1. a　　2. b　　3. a　　4. a　　5. b

　　Ma Dan (马丹) and Michael are classmates in the States. It is only one week before the submission date for a term paper for their class. Unfortunately, Ma's computer broke down at this critical time. In order to hand in the paper on time, Ma Dan decided to borrow Michael's computer for only one day to finish her typing. In order to get an easy "yes" from him, Ma Dan treated Michael to a pizza lunch at Pizza Hut, an expensive eating-place for students like them. At the end of the lunch, Ma Dan asked Michael for a favor, "Michael, my computer broke down recently. But you know we have to hand in our term paper on time. I wonder if I could borrow your computer this weekend. We are friends, aren't we?" To her astonishment, Michael replied, "Yes, we are friends, Dan. But I'm afraid I've got a lot of things I need to type up every day during these days. I cannot afford to let it go even for a day. I hope I could help you in other ways." Ma Dan was puzzled and thought, "Are we really friends?"

　　分析: 中西方的交际模式与规则因文化背景的不同而存在差异。西方的人际交往以法理为基础,大都遵循公平交换的原则,金钱、物质、服务、情感等都可作为交换的资源。另外,西方人讲究在交际中传达明确、直接的信息,并期望得到直接的回应;中国传统的人际交往则站在人情、道德的基础上,推崇一种"示范—回应"模式,认为人际交往首先应是主动奉献,以身作则,即用自己的实际行动来提供一种"示范",并期待对方"礼尚往来",这是建立在道德情感基础上的自觉信任关系。而且,中国人在交际中传达意图时讲究礼节性的过程,喜欢拐弯抹角并希望对方领悟自己的真实意思。

一、有效的跨文化交际模式

用外语交际,只知道如何使用语言并具备相应的语言技巧是不够的,还须懂得外语交际所需的各种背景知识。在外语教学中,我们不但要使学生学会外语的语言规范和言语行为准则,而且还要学会遵守文化规范,以达到成功交际的目的。

曾在中国任教的美国人就认为我们的学生,甚至老师不会用英语打电话。首先是不知道如何开始,而显得比较唐突、冒失。其次是不知道如何回应,如何停顿和接过话轮。最后不知如何收尾。如,一次某个中国学生给这位外教打电话,不说再见便挂电话,他觉得特别不礼貌。后来他明白,中国人打电话最后常说:好、就这样、一言为定、不见不散等。这些话语本身暗含会话的结束,也就没必要说再见了。所以,在跨文化交际中,除了要学语言的规范,还要注重信息的有效沟通。

(一)有效的信息与沟通

交际最基本的目的是沟通彼此间所要表达的信息,这种沟通是双向的,如果只是单方面的流动那就变成了一方对另一方的宣传、教育,就不是交际。有效的跨文化交际模式首要的一点就是:参与交际各方的意愿都能够正确地传递出去,并被其他人顺畅地吸收,达到这一点是保证交际的有效性的基础。

在和外国友人进行跨文化交际的时候,我们总是想方设法试图让对方了解我们的意思,同时也想知道外国朋友是怎么想问题的,这种交际往往是很有意思的尝试,因为我们渴望了解一些新鲜的事物,同时也希望别人能够知道自己的想法,这就是一种信息沟通的需要。例如,

甲:明天来吃晚饭啊。

乙:不来了,太麻烦啦。

甲:麻烦什么呀,菜都是现成的。

乙:那也得烧呀。

甲:你不来我们也得吃饭。一定要来啊!不来我可生气啦!

乙:好吧,就随便一点,不要太麻烦。

从以上例子,可以看出交际者话语中所传递的信息——客气,这是一种典型的中国式交际模式。西方人在提出邀请是直截了当的,回答也是明确的。而中国人邀请对方往往是客气的,回答也是不确定的方式。西方人讲究在交际中传达明确、直接的信息,并期望得到直接的回应。

随着我国对外交往的不断深入,各种国际会议、论坛,国际间的文化展览等交流活动频繁开展。政府或民间也不断推动人员互访、学习,影视、音乐作品和书籍等文化产品的引进和输出等。这些跨文化交际活动的目的就是要促使不同文化背景中的人们进行有效的交际。因此,寻找有效的、最优的交际模式,是我们培养学生跨文化交际能力最应关注的内容。

然而,在跨文化交际中,文化差异影响人们之间的相互理解,如在中国文化中,狗是"奴颜婢膝"的代名词。但西方人却不这样理解,他们把狗当作自己最好、最忠实的朋友,狗是忠诚的象征。

(二)建立良好的情感关系

根据哈罗德·哈曼的交际模式理论,语言的使用并不是标志成功交际的最佳条件。在哈曼看来,交际的成功与否在于最高组织层次的心心相印及精神感通,它不需要符号或象征物就可发挥作用。也就是说,在交际中传递信息只是最基本的要求,而建立彼此之间良好的情感关系对于加深理解,促进进一步的沟通起着至关重要的作用。

以情动人,至精至诚。在跨文化交际中不同文化背景的人能够愉快地交流共处,很大一部分来自情感,来自相互信任的友谊,即使语言不通或者交际中存在种种阻碍,也能够形成很好的交际效果。周恩来总理在与来自第三世界国家的外宾交往时,强调培养一种相互信任的情感,和许多朋友建立深厚的友谊。因此,当时在外交中所取得的成效至今还使人记忆犹新。

人们在比较中西文化的差异时常说中国是一个人情社会,而西方是一个相对讲规则的社会,这其实是一种很笼统的说法。中国人并非只讲人情,西方民众也并非冷冰冰地只讲规则。情感是人类共有的特质,各国人们都可以通过交流而建立感情。人们也只有沟通情感才能相互信任,产生合作的意愿。我们在对外交流中,也要善于交朋友,建立良好的人际关系,在融洽的气氛中增强交际的效果。

(三)多样而有效的组织形式

有效的交际模式有时还应该有比较灵活而多样的组织形式。交际很重要的一个因素是语境,而跨文化交际往往都需要预先创设一个情境,以便于更清晰地传情达意,交际各方也能够在交际活动中感受到舒适愉悦的氛围,从而增加进一步交际的意愿。

比如组织一项交际活动,日期、场所的选定,方式的选择,甚至包括预期参与交际的人员,都是需要考虑的问题。首先我们要考虑邀请的对象来参加特定的聚会。另外选择举办酒会还是联谊会等形式,也要考虑外国朋友和本国朋友的爱好和习惯。

更重要的是,我们应该注重对交际活动中的一些细节的设计,比如鲜花、彩带等装饰,音乐的搭配等等,都是需要考虑到参与者的文化背景。如果在某些环节考虑不周全,就会导致交际活动中出现尴尬的局面。因此,我们在组织跨文化交际活动时,既要有丰富的创意,同时要考虑到一些细节,这些细节甚至涉及很严肃的文化禁忌的问题。所谓"外事无小事",外事工作需要组织者付出很大的努力,具备很强的责任心。

(四)交际须具有延续性和体系性

判断交际活动是否有效,延续性和体系性是很重要的评判标准。交际活动不是一两场舞会或者联谊就能够促进交流,达到相互了解的。有效的跨文化交际模式应该具有一种延续性,承接已有的交往成果,同时给进一步交际活动的开展留下空间,形成一种持久的联系。另外,这种模式应该是开放的体系,可以吸纳任何有利于交往沟通的模式,为共同建立长久的互信关系服务。

所谓"一回生,二回熟",我们要在交际过程中与外国朋友建立友谊,一般很难在一两次活动中就可以成功。这是一个从相知相识到熟悉了解,再到情感相通的过程。我们在某次联谊中结识了一些朋友,相互交谈很愉快,留下很好的印象,这时候就要考虑交际的延续性。我们可以通过互换名片、手机号和电子邮件地址的方式,为以后的交往留下可能性。如果可以的话,预约下次见面的时间、地点和场合,这样就可以使得交际持续下去,取得更好的成效。

简言之,在跨文化交际中,有效的模式应该包含两个基本原则,即"有效性"和"恰当性",不仅要讲究实效,更要追求合理,毕竟交际不是纯粹功利的活动,还包括满足情感的需求。怀着一颗真诚的心去交往,相信一定能够朋友遍天下,给自己的生活增添闪亮的色彩!

二、跨文化交际知识与能力培养

(一)跨文化交际知识的培养

案例一:学生李某在校园里碰到学校外教 TOM 的时候,非常热情地打招呼,并且客套地问:"吃过饭没有?"TOM 回答:"没有"。李某便离开了。

分析：这是一次不合适的交际，因为西方人和中国人的打招呼的方式是非常不一样的，源于他们的历史背景不同。中国人见到熟人时常以日常的衣、食、住、行作为问候的内容。所以见面常问候："你吃了吗？"以表示一种客套，也许并不有意想知道对方是否吃饱了、穿暖了等情况。但西方人被问到这些问题时，往往理解为对方要邀请自己吃饭等，就会因缺乏对中西文化差异的了解，而产生尴尬的局面。所以，与西方人打交道，问候语要妥当。常见的："Good morning（早安）！"，"How are you（身体好吗）？"，"What's going on with you recently（最近如何）？"，"How's everything going（一切都顺利吗）？"等。如果很突兀的问"Have you eaten or not?"或"where are you going?"等则显得不礼貌了。

要适应国际化发展，做一个合格的国际人，我们必须要对异国的语境常识进行把握。无论是学生自主学习，还是教师积极引导，都要有意识地结合语言教学向学生介绍所学语言国家的文化背景，不断提高学生对中外文化差异的比较鉴别能力，增强学生的文化意识。我们还须在使学生把握好文化语境的基础上，提高其语言运用的能力和跨文化交际能力。

（二）跨文化交际能力的培养

案例二：Professor Johnson was invited to give a lecture at a Chinese university in the early 1990s. He could tell the students were very attentive. They applauded warmly when the lecture came to an end. However, Professor Johnson was disappointed when no one asked him any questions, even after they were encouraged to do so. In fact, most students avoided eye contact with him as he tried to communicate with them.

分析：在美国，传统的教育方法是 trial and error，也就是你自己通过反复的实验，反复的犯错误，最终明白了真理是什么。这种情况下往往要求学生有很大的学习自主性，而老师的主要任务就是解答而不是灌输，所以美国人喜欢问问题，美国教师也喜欢被问。而在中国，教育方式是 watch and learn，也就是老师告诉你是什么，然后你记住就好了。这就是中国学生被动型学习的原因之一。

其次，关于 power distance 的问题。美国强调的是人人平等，老师和学生之间亦然。所以课堂上学生可以很随意地打断教师的授课，甚至当着同学的面对教师所讲的内容表示怀疑。而在中国的传统里，教师是有着一定社会地位的职业。教师代表着权威，代表着经验。"一日为师终身为父"这样的说法更体现了中国人对教师的敬重。教师的权威很少被质疑。这也是中国学生不喜欢当堂问问题的原因之一。如果真有问题，往往会私下问，这样给教师也留有一定的余地，最大限度地保证了没有冲突发生。毕竟在集体主义文化里,和谐是第一位的。

再次,眼神交流。在个人主义文化里,和别人说话的时候要正视对方眼睛,这不仅是一种自信的表现,而且是对他人的尊重。而在东方,避免眼神交流才是尊重,这一点在日本文化里尤为明显。日本人和自己的长辈、上级说话的时候往往是低着头的。

有效跨文化交际会带来深刻的、广泛的影响。要善于培养学生的语法能力,即语言本身的语音、构词、句法、谋篇的能力。培养语境能力,即基于语法之上,在一定语境下表达出来的语义、情感、氛围,涉及交际主体的内容、目的,交际方的背景、身份、地位、素养,交际内容的历史渊源、文化背景、风俗特色等。我们还要培养学生的策略能力,即在交际的过程中,学生应该学会在语法和语境两个层面上,利用适当的技巧和策略来使用语言达到交际目的。

(三) 跨文化交际能力培养的途径

1. 语言沟通能力

语言能力包括听、说、读、写能力。培养的渠道应该是在现行教材的基础上,深入挖掘,充分拓展,在掌握教材的基础上,要求学生多看、多听、多观察,增强学生的参与意识。在教育部颁发有关英语课程教学的基本要求中,也注重培养学生实际使用语言的技能,特别是使用英语处理日常和涉外业务活动的能力。打好语言基础是英语教学的重要目标,但打好基础要遵循"实用为主、够用为度"的原则,强调打好语言基础和培养语言应用能力并重;强调语言基本技能的训练和培养实际从事涉外交际活动的语言应用能力并重。

在有目的有计划的外语教学中,我们必须让学生了解相关文化背景知识。比如词汇教学,一个简单的 breakfast,人们总是把它与中文的早餐等同起来。岂不知摆在餐桌上的东西不尽相同。对于英语中许多文化内涵丰富的词(culture-loaded words),如果望词生义,或根据本国文化加以理解,要么闹出笑话,要么就是不解,以至于产生"文化休克"(culture shock)。如英语中的 adult-books 一词,从字面上理解是成年人用书。从文化内涵而言,实际上可能是指色情书籍。对诸如此类的词汇,我们如果只注意字面意义,忽视其内涵或社会文化意义,就很难恰当理解,正确利用。

2. 跨文化交际的能力

跨文化交际能力的培养可从两个方面进行:1) 使学生了解、能够分析影响交际的相关因素;2) 明确提升交际能力的有效途径,再有意识、有针对性地对学生进行训练;3) 让学生掌握语言、体态语及常用表达方式的运用技巧。在教学过程中,注重学生这几方面能力的培养是使之成为合格交际者的必要前提。

20世纪70年代的外语教学领域有个笑话：一个外国游客在中国大街聚精会神地观看对他来说陌生而又新奇的宣传画。突然，一个身穿中山服的中年男子走过来，问了三句话：What's your name? What are you doing here? Follow me. 把这个外国游客吓傻了！怎么啦？原来这个中年男子只是用学过的英语与外宾说话呢。这个例子充分说明，学好了相关语言的知识，但不能有效地结合语境及文化背景知识，就会产生语用失误、引起交际失败。

3. 学生的语境意识

语境有狭义和广义之分。狭义上，语境指语言的上下文，即语句段落所处的位置，即小环境。广义上，语境则指语言进行和使用的过程中所处的客观条件和环境，包括语言环境、历史、文化、传统、风俗习惯、文化背景、生活方式等。而对于学生语境意识的培养，则涉及了文化及相关背景知识的教学。

语言学家Lyons认为一个说话人要能够正确判别话语的合适与否，必须具备一定的知识，即每个参与者必须知道自己某一特定活动发生的相关条件或信息。这些知识即是构成了语境的六种要素：

1) 参与者在整个语言活动中所起的作用和所处的地位；
2) 语言活动的时间和空间；
3) 语言活动情景的正式程度；
4) 对于这一情景来说，什么是合适的交际媒介；
5) 如何使自己的话语与语言活动的主题相适合，以及主题对选择方言或语言（在多语社团中）的重要性；
6) 如何使自己的话语与语言活动的情景所属的领域和范围相适合。

上述的语境因素包括与交际活动相关的重要因素，诸如时间、地点、人物、事件、语言、媒介等。这说明，语境是一个多元的、广泛的概念。因此，要培养学生的语境意识，至少要让学生了解所学文化特有的言语和非言语行为，并能熟知其功能；了解不同社会背景的人的语言特征，并能用适当的方式与对方交际；熟悉英语词汇的内涵和外延及其跨文化含义，熟悉不同于汉语的词汇的内涵和外延。此外，还须让学生掌握以下几个方面的内容：

1) 尊重对方和平等交往是有效交际的前提，尊重包括对对方兴趣、习俗、种族、信仰等尊重，但不能干涉和探问他人的隐私问题，应回避涉及他人的经济方面、婚姻状况、政治倾向、宗教信仰等方面的话题；

2) 对交际的话题和内容要表示积极态度，不能冷漠处之；交际中尽量不要采用道德判断或否定性判断，也不能仅仅站在自己角度和立场去评判他人行为，应就事论事，忌讳人身攻击；

3) 要懂得换位思考,充分了解交际的内容和相关信息,列出轻重主次,找出问题关键和重点所在,但不可忽略细节,做到知己知彼,有备无患;

4) 交际双方应保持平等地位,不要居高临下或咄咄逼人,应在和谐一致的氛围中交际。而且不能完全占据话语权,应给对方表达的机会;

5) 要"入乡随俗",遵循语境,遵循所使用语言的语用规则和文化规范,避免不合礼节的言行出现。

有效的跨文化交际,不仅要克服语言障碍,还要了解文化差异。要克服文化的障碍,首先要提高文化意识。文化意识强调观察文化现象,培养学习者辨别母语文化与异国文化的异同,从多角度判断和理解不同语言文化的内涵和特点的能力,以便有效地传达语言所承载的文化信息。所以,无论是学习者还是教学者都注意上述提及的各语境因素,以提升学生的跨文化交际的能力。

4. 学生的策略能力

交际策略主要指交际者在交际中根据不同的形势来采取相应的方式和方法,跨文化交际中的策略能力就是指交际者如何使用这些方式和方法的能力。交际策略可分为:语言策略和非语言策略两大类。语言策略主要包括在话语交际和书面交际中表达方式的选择和使用。非语言策略主要是指交际中交际方式、方法的制定和选择。在跨文化交际中,语言策略和非语言策略是相辅相成、密不可分的。现从以下方面来谈策略能力的提高:

1) 要掌握不同国家人们的思维模式。欧洲地区的人的逻辑思维往往是直线型的,他们倾向于将问题条理化,直奔主题,简明清晰。所以,跟这些人交往,不必遮遮掩掩,应坦然交流。

2) 要遵循交际语言的习俗,即不同文化的成员在不同交际时空中要遵循的交际语言的规律和原则。包括打招呼、问候、致谢、致歉、告别、打电话、请求、邀请等用语的规范,话题的选择、禁忌语、委婉语、社交习俗和礼仪等等。

3) 通过外文作品来完成对外国信息和文化等各方面的认识。有计划、有针对地阅读英美概况、圣经故事、西方哲学、报纸杂志等方面的书籍,观看电影、电视等,在耳目濡染中,增进对跨文化知识的积累。

4) 在交际中要因地制宜。场所不同,人数不同,交际方法和策略要有所调整。

进行跨文化的交际活动,我们首先要尽量选择比较舒适的场所,如家庭住宅、公园广场。其次,应尽量营造一种轻松和谐的氛围,在自如的交谈中奠定感情基础,给对方平易亲近之感,以情动人。再次,在硬环境的布置中,应该注意整洁干净,光线柔和,如果光线过强,会导致一种紧张与压迫感;光线过暗,会导致精神不振或注意力分散。最后,不同交际方所坐的位置都是有所讲究,以舒适和便于交谈为主。

在公开和公众场所,人群集中的场所,交际则必须谨慎,仪态端庄,举止得体。交谈要循序渐进,不应有过多无关的铺垫,要争取时间,尽量开门见山,直击主题。在交际的全过程中,也要保持一种平和的气氛,即使是谈判,也尽量不要给人剑拔弩张之感。在整个交际过程中,不可通过欺骗、强迫等不合情理的手段迫使对方妥协。做到尊重对方的人格、信仰、习惯,不可损害他人的利益,伤害他人的自尊。

简言之,跨文化交际能力的培养,应不拘一格,多管齐下,采用灵活多变的方式提高对文化的敏感性,强化实践运用能力,从而提高学习者的跨文化交际能力。

三、影响交际的语言文化因素

在跨文化交际中,交际方是进行交际的主体,也即信息交换和情感沟通的主体。交际至少要有两方才能进行,双边交际(bilateral communication)就是一种立足于双方的互动交际,其中最小的交际单位就是作为个体的人。两个人作为交际双方是最常见的交际模式。此外,双边交际还可以扩展为两个文化团体甚至是两个国家之间的沟通、对话。双边交际的模式相对比较简单,在一种有效交际中,双方是互为主体的关系,信息成双向流动的态势;一方是信息的发布者,同时也是信息的接受者。如果某一方固定成为信息发布者的角色,而另一方放弃了表达的主动,成为被动的信息接受者。那么,这种交际必然成为一种权威式的、不平等的交际,就谈不上是一种正常的、有效的跨文化交际。

比较下面两组对话:

(1) A:I like your shoes, Sharon.

　　B:No, no. It's very cheap.

(2) A:That was a fantastic party.

　　B:You were the life and soul of it.

例(1)中的 B 采用了谦虚的方式回答 A 的夸奖,造成英语交际的不成功。例(2)中的 B 采用了我也夸你的方式来回应对方的善意,妥善地处理了对方的称赞。同时,还使交际者之间的团结性得到进一步的加强。

以上例子说明,交际者的每一步都受语言、文化和情景的制约。语言的运用不仅仅是语言的实现,同时还是社会文化知识的体现。

案例:公司某一职员张某能力很强,业绩也出色,但是会经常因私事迟到或请假,跟张某共事的职员对此颇有看法。公司经理李某决定要采取措施处理这个问题。经过思考,他采用了以下对策:

1. 对这种情况不予以理会；
2. 在公开场合，批评张某出勤情况不好的行为；
3. 私下找张某，了解迟到与缺勤的原因，并要求不能再迟到缺勤；
4. 跟张某以轻松交谈的方式，询问他对公司考勤制度的意见和公司其他职工的出勤状况，暗示出勤的重要性。

分析：第一种方式显然是不妥当的，不予以处理，放纵张某缺勤的行为，不但不利于张某个人的发展，还会让其他职员议论纷纷，造成不好的影响。最终也无法改善这种状况，是失败的交际行为。第二种方式在公开场合公开批评指责，有失妥当，没有私下先向张某了解缺勤原因，就公开批评，会引起张某的反感，也显得缺乏情理，这样可能会压制张某今后工作的积极性。第三种方式是一种有效的交际方法，私下交谈，不但能了解导致问题的原因所在，也能让张某反省自己的过错，避免问题的恶化。第四种方式是最佳的交际方法，不但能使张某间接意识到自己有迟到和请假的问题，而且又给了张某台阶下，让他有在情感接受上可以缓释被批评的压力，是有技巧讲策略的有效交际。

通过这个案例的分析，我们可以得出一个结论：有效的跨文化交际一定要讲究技巧，而且要选择适当的时机、适当的地点，在尊重对方，不伤害对方的前提下进行。如果交际方有不同的文化背景，则更要慎重交际，在充分理解和沟通的基础上，避免给对方带来压迫感和焦虑感。

选择最佳答案

Mr. Li is introduced to Mr. and Mrs. Smith who are sitting in Mr. Brown's drawing-room. Mr. Smith stands up and shakes hands with Mr. Li warmly as they are being introduced to each other while Mrs. Smith remains seated with only a slight nod of her head as Mr. Li is being introduced to her. According to Western culture, Mrs. Smith _____.

  a. is being proud

  b. does not like Mr. Li

  c. is an unpleasant and unsociable woman

  d. greets Mr. Li in an acceptable manner

跨文化交际能力的培养，应从语法能力、语境能力、策略能力着手。我

们应培养学生扎实的语言沟通能力,提升其语境运用能力,强化其策略能力。为提高对文化因素的学习效果,我们可以借鉴语言教学的先进经验,按照积极和消极两种文化模式,组织有针对性地教学。采取积极性的文化模式,引导学生认真学习,反复练习,学以致用,从而提高进行有效的跨文化交际的能力。

Culture dictates how people generally think and interact with each other in society. A stereotype is really a composite of the cultural mores of a society and in many cases can be narrowed to specific region. To stereotype is to formulate a standardized image of a group that assigns that group a number of characteristics that helps to simplify what would otherwise be a very complex task of identification.

By looking at the cultural components and traits, an accurate model—a stereotype, if you will—of how an individual from a certain culture is likely to act can be constructed. Stereotyping makes reality easier to deal with.

参 考 文 献

何兆熊:《语言学概要》,上海:上海外语教育出版社,1989年。
庄恩平:《跨文化商务沟通》,北京:首都经济贸易大学出版社,2011年。
Mitchell,C.:《国际商业文化》,上海:上海外语教育出版社,2005年。